知られざる坂井三郎

「大空のサムライ」の戦後

零の会【編】

Gakken

【巻頭口絵】

ヒコーキを楽しむ旅

撮影／菊池征男・矢野昭雄

1990年5月19日、世界の名機オークションが開催中のサンタモニカ博物館を訪れた坂井氏。30回近い渡米経験でも、こんな光景は初めてだった。P-40ウォーホークをバックに。

この年、アメリカ陸軍のP-38ライトニングも誕生から50周年だった。P-38の前でアメリカ人カメラマンが、紹介してくれたのがP-38の設計者H・L・ヒッパード氏(右)。

カリフォルニアのバンナイ飛行場に、コンドル・スコードロンというボランティアの航空部隊を訪れた坂井氏。後方の旧ドイツ軍の塗装をしているのがT-6テキサン。

同じくバンナイ飛行場における零戦体験ツアーの皆さん。後方のポールには訪れたとき、軍艦旗がひるがえっていた。エース坂井氏への表敬だと、責任者は語ってくれた。

世界で飛行可能なオリジナルの零戦五二型は本機しかない貴重なものだ。エンジンも現存唯一のオリジナル栄21型を搭載している。ここ、チノ飛行場でも記念撮影。

かつてはプレーンズ・オブ・フェイム航空博物館の零戦五二型のオーナーだったエド・マロニー氏と笑顔で撮影におさまる坂井氏。後方に写っているのがその零戦。

エド・マロニー氏が「サカイさん、久し振りにコックピットに座ってみますか」と促され、操縦席での坂井氏。この日、チノ飛行場にやってきたアメリカ人が手を振っていた。

手にはペーパーバックス版『SAMURAI！』を持って、ネバダ州からカリフォルニア州までやってきた元ＴＢＭアベンジャー搭乗員のブローワー氏は、サインをお願いした。

チノ飛行場における坂井氏。サイン会を終えて次の予定地へ行くために会場を出ると、追いかけて来たファンが背中を机がわりにしてパンフレットにサインをねだる。

それを見ていた他の人たちも、オレもオレもと背中を坂井氏の方へ向ける。氏も嫌がるふうもなく、次々とサインをこなしていった。

ハワイのヒッカム飛行場のそばにある日本人学校長岡田怜氏が経営する「コスモ・フライング・スクール」の学生たちに、飛行機の操縦や訓練方法などをレクチャー中。

コスモ・フライング・スクール所属機のパイパーＰＡ－28に搭乗し、学生たちと一緒にパールハーバー上空を飛行することになり、機に乗り込んだ坂井氏。

#【プライベート編】

巣鴨（すがも）の自宅の近くにある巣鴨庚申塚を妻暖子（はるこ）さんとお詣りした際の記念写真。坂井氏はとても愛妻家で、ご夫婦でよく旅に出かけていた。

昭和17年8月7日、米海軍のSBDドーントレス艦爆の銃撃を受け、破損した坂井一飛曹（当時）の飛行帽。現在はアメリカのテキサス州ニミッツ博物館に展示されている。

知られざる坂井三郎

「大空のサムライ」の戦後

まえがき

『零の会』会長・菊池征男

歳月の流れは早いもので、今年の九月二二日で坂井三郎先生が逝去されて一三年になります。昨年が十三回忌だったので、アルカディア市ヶ谷で『零《ゼロ》の会』の会員三〇名ほどが集まって坂井先生を偲ぶ会を開きました。

一二年たっても皆の坂井先生を慕う気持は熱かったので、その席上で私から「十三回忌にあたり、『零の会』の皆さんに坂井先生から何を学び、それが自分の生き方にどう関わっているか、そのほかにも先生との思い出を綴って欲しい」と提案しました。

はたして、坂井先生の太平洋戦争における活躍は全国の坂井ファンには知れわたっているのですが、では、戦後はどう生きてこられたのか——という点になると、ほとんどの人が知りません。敗戦になると、かつて英雄視された多くの軍人が、罵声を浴びせられ、つらい思いをされたはずでしょう。

敗戦直後、横須賀海軍航空隊を離れるとき、退職金がわりに小切手を渡された坂井中尉は、銀行に行き、その小切手を換金してもらおうとしましたが、銀行側に「そんな話は聞いてま

せん」と断わられたといいます。坂井先生の話では、その小切手は現在の貨幣価値でいうと一〇〇〇万円以上になるとのことでした。お国のために命を賭して戦ってきたのに、あまりの仕打ちに怒りがこみ上げてきた、とも言っておられました。

坂井先生は、戦争中の生き方も凄かったのですが、敗戦後も波瀾万丈な生活が待っていました。それらの数々の出来事を我々『零の会』のメンバーが、坂井先生からいろいろお聞きしているので、これを記録しておかなければ、後世に伝えることは二度とないだろうとの思いが強かったのです。

この私の提案に賛同して執筆を積極的に引き受けてくれた会員の方々の原稿に加えて、私の思いを支持してくださった坂井先生の長女の道子さんが、是非掲載して欲しいと、私に手渡してくれた方たちの原稿をまとめ、学研パブリッシングの編集者に相談したところ、出版することとなりました。この本によって、戦後の坂井先生の人物像が読者の皆さんに理解できる一助となれば幸いであります。

知られざる坂井三郎——大空のサムライの戦後　目次

【第二章】私の中の坂井三郎

装丁・本文デザイン／大野信長　図版作成／篠　宏行

【第一章】 坂井三郎のラスト・メッセージ

日本外国特派員協会講演〈1〉（一九九二年六月二五日）

坂井三郎

皆さん、こんにちは。ただいまご紹介いただきました坂井三郎でございます。本日ここに、記者クラブの皆さん方に、第一線に活躍される精鋭の皆さん方にお招きいただきまして、お話しできます機会をいただきましたことを大変光栄に存じております。

太平洋戦争が始まりまして、去年が五〇周年、そして今年は、ミッドウェー、ガダルカナルの戦いがやはり五〇周年ということで、いろいろ行事がアメリカでは行なわれておりますが、日本では、あれだけの戦いをやりながら、あれだけの損害を出し、有史以来の戦いをした国でありながら、何の催しもない。あきれ果てます。これは一言申し上げたいのです。

私は、昨年から今年にかけまして、テキサス州のニミッツ博物館（注：正式名称は国立太平洋戦争博物館）が太平洋戦争開戦五〇周年企画として開催しましたシンポジウムのパート1「真珠湾」に、パネリストとして出席させていただきまして、いろいろ勉強してまいりま

した。私は、太平洋戦争を一下士官、一下級の小隊長として体験いたしました。戦争の全般を語れと言われれば、四五年間勉強してまいりましたから語れますけれども、本日は、一小隊長の立場からいろいろ体験したことで、今日はぜひお話ししてみたいと、皆さんにお知らせしたいということだけを語らせていただきまして、できれば、どんな質問、意地の悪い質問でもいいので、皆さん方の質問をぜひお受けしたいと思います。

＊

私は、戦争が終わりまして四七年間何とか生きてまいりましたが、その間にどうしても、太平洋戦争の自分たちの周りに起こったことなど、体験したこと、自分の考え、これをどうしても世に残さなくてはならないと思います。また、少年時代は落第の退学坊主でしたから、作文なんか全く不得手でしたけれども、人間、一心というものは恐ろしいもので、しゃべることができれば書くことはできるだろうということで、おこがましくも、去年までに九冊の戦闘の記録を本として世に発表してまいりました。

去年の後半になりまして、皆さんご存じのように、日本でも有数の出版社でありますところの講談社さんから、「ぜひあなたの体験、本当の話を書いてくれないか」ということで、「よし、じゃ、やりましょう」ということで、今までの私の著書の内容とは全く違った、本

当の話をしたい、歴史として書き残したいということで、今回、四月二〇日に出していただきましたのが『零戦の真実』という本でありますけれども、これは零戦の真実だけじゃなく、ジャパニーズネイビー、日本海軍がどんなところであったのかということを、私は私なりに歴史として書き残したつもりでおります。

その本、ちょっと見せてあげてください。この本は外国版もぜひ出版して、日本海軍の本当の姿、本当の零戦の姿というものを皆さんに知っていただきたいと願うものであります。

太平洋戦争の歴史というものが、これまでは高位高官のみによって発表されることが非常に多うございまして、それを私たちが読んでみまして、これはおかしいじゃないかと、そんなことがあるかと。だいたいが成功例を誇大に報告し、そして、失敗は隠蔽《いんぺい》し、お互いに高位高官の人たちが隠し合い、傷をなめ合い、かばい合った。その発表した歴史というものも一つの歴史でありましょうけれども、戦った者たちの九〇ないし九五パーセントは、私たちのような下っ端でありました。その私たちから見たところの太平洋戦争の歴史も、歴史ではないかと。そして、これをだれがやるのかと。

もう、私がやるしかないということで、このたび意を決しまして、相当身の危険も感じていますが、そんなことを恐れていては本当のことが書けないのでありまして、発表させてい

ただいたのが『零戦の真実』であります。さらに、第二弾もぜひやりたいと思っています。もっと掘り下げまして、そして、本当の太平洋戦争、特に日本の軍隊、海軍がどういうところであったのかということを、皆さんが信じられないようなことを、ぜひ真実を述べてみたいと。そして、歴史にこれを残し、将来のために参考としていただければと思う次第であります。

その中で、その本にも書き残しましたが、どうしても忘れられない一つのことを今日はお話しいたしまして、役目を終わらせていただきたいと思います。

ちょうど太平洋戦争が始まります一週間前でした。私たちは台湾の台南におりまして、フィリピン・マニラ周辺のアメリカ軍の航空基地を攻撃する予定でおりました。全搭乗員集合がありまして、出撃する隊長の一番先任の方から発言がありました。「今までの日中戦争などでは、ちょっとやられたら、すぐ自爆をしてしまったけれども、そういうばかなことをこれからの戦争でやっていたら、たまったもんじゃない」と。「搭乗員を養成するためには大変な費用と大変な期間を要するのであって、もしも我々がいなくなってしまったら日本は負けるんだ。絶対に命を大事にしてくれ。少々やられても、南方の海は温かい。だから、機体をやられ、少々負傷しても、自爆しないで海に飛び込め」と。ライフジャケットは七時間も

つんです。だから、泳いで、みんな泳げますから、そして、闇に乗じてジャングルへはい上がって待っていれば、一週間、一〇日のうちに「必ずきさまたちを救いに行く」と。そう言うことで、我々は全員約束をしました、絶対に自爆をしないと。

さあ、一二月八日に出撃いたしまして、一回、二回、三回と攻撃しております中、中攻（中型陸上攻撃機）と申しまして、七、八人乗りの双発の爆撃機でありますが、その中の一機が被弾をしましたが、約束どおり、命令どおり海上に不時着いたしまして助かったんです。そして、八人の搭乗員たちは陸上に上がったところを現地人に保護されまして、話は長くなりますけれども、紆余曲折《うよきょくせつ》を経《へ》まして、原隊に帰ってきたんです。

日本以外の皆さんのお国でしたら、立派に任務を果たし、手柄を立てて、そして、無事帰ってきたら、よく帰ってきたと褒《ほ》められるでしょう。ところが、その当時の日本は、さきほどのようにそれだけの約束をしたにもかかわらず、連合艦隊司令長官・山本五十六《やまもといそろく》や軍令部総長は、この搭乗員たちを許さなかったんです。捕虜になったやつらだと。ぜひこいつらは処刑しろということで、私たちがラバウルに行っておりましたときに、その八人の搭乗員は、森玉部隊（注：第四海軍航空隊。司令・森玉賀四大佐）という中攻隊に回されまして、軍令部上層部からは毎日毎日、矢の催促、早く自爆させろ、早く自爆させろと。

二七機編隊の一番端っこの一番襲われやすい位置の機体を〝カモ中隊のカモ番機〟と日本では言ったんですが、彼らは常にその〝カモ中隊のカモ番機〟に搭乗させられたわけですが、何べん出撃しても、被弾はしますが落ちませんでした。

私たちはその話を聞いたものですから、あの約束を破って軍令部、そして連合艦隊司令部がそういうことを言うならば、指揮官機なんかどうでもよい。私が先頭に立って「この（彼らの）一機を落とさせたならば、俺たち戦闘機隊の恥だぞ」ということで、そばまで寄っていって、「頑張れ、頑張れ」と励ましながら掩護したんです。彼らはみんな白鉢巻きでした。「むだに死ぬな、俺たちが守る」と。すると本当にこうやって拝んでくれました。

しかし、昭和一七年（一九四二）五月の初めでした。その搭乗員たちにもついに最後の断が下りました。山本五十六長官によって、これを自爆させろという命令がまいりました。その頃、私たちはポートモレスビーのアメリカ軍機と戦っておりましたが、五月の初めに前進基地のニューギニアのラエという基地に、森玉部隊から二機の九六式陸攻が飛来いたしまして、一機は彼らが搭乗していました。そして、もう一機には飛行長が乗っていて、彼らの最後を見届けるためにやってきました。私たちはそんなばかなことはあるかと言ったけれども、とても私たちの意見は通りません。

ついに最後のときが来まして、サイダーを抜いて、八人が一口ずつ飲んで、たばこを一服ずつ吸って、「さよなら」と。そして、出撃しまして、一機でですよ。命令は、ポートモレスビーの基地を爆撃したあと、高射砲陣地に自爆せよと。それをそのとおり何とやりまして、私は本当に目を真っ赤にはらしながら見送りまして、どうにもならない。そして、無電を聞いておりましたところ、「爆撃終了。日本帝国万歳。これから自爆します」という信号がまいりまして、それで、「ツウッ、ツッ」と切れたんでありますが、そのときに私は、何とも言えない、人間として、何のために我々は戦っているんだ……。

それから私は戦闘機の搭乗員を集めまして、山本五十六長官がそういうことを言うならば、俺たちも絶対に自爆しないぞと。

私は自分の部下たちに対して、もしも被弾したならば、「不時着して捕虜になっても生き残れ。我々は敵を倒しに来たんであって、死にに来たんではないんだ。生きられるだけ生き延びろ」と命令しました。

私が負傷してラバウルを去ってからも、私の列機だった三人のパイロットは、私の言ったとおりに、被弾した際にニューギニアの東の端のラビという海岸に不時着してくれました。そして、現地人に救われましたが、何と、味方だと思った現地人にオーストラリア軍に通報

されまして、捕まってオーストラリアのカウラ収容所に入れられたんでありますが、そういうことで生き延びてくれました。それは戦後わかったんでありますが、そのときの捕虜尋問調書を私は数年前アメリカで発見いたしました。それには、三人はどの航空隊から来たのか……、ラバウルの斎藤部隊（司令は斎藤正久《さいとうまさひさ》海軍大佐）。その次の行には、何と一下士官であった「サブロー・サカイ」の名前が書いてありまして、どういうわけで書かれたかわかりませんが、そのころから私はどうも敵から狙われていたらしいです。

その三人も、有名な〝カウラの反乱〟という、カウラ収容所の反乱の際に射殺されて一生を終わったんでありますが、公式記録というものは本当に当てにならんものでありまして、三人の戦闘機搭乗員が不時着した日、亡くなった日はその翌年でありますけれども、その不時着した日が、何と死亡した、戦死した日になっている。そのように、戦争の混乱の中では本当の真実の姿というものがなかなか発表されないのが常でありますけれども、あれから四七年たちまして、紅顔の美青年であった私も、こういうような、間もなく七六歳を数える老人となってしまいました。

私は、現在の自宅の一つの部屋にささやかな神棚を作りまして、その自爆させられた中攻搭乗員の名前、そして、私たちの戦闘機乗りの後輩たちの名前を書いて、毎日手を合わせて

おりますが、本当にこの中攻隊の搭乗員たちは悔しかっただろうなと……、あれから五〇年近くたっても、まだ許せません。名前は全部わかっておりますけれども、これが皆さん、発表できないんです。なぜならば、その中攻隊の搭乗員の方々のご遺族の方々は、彼らが立派に戦って戦死したと、そのように教えられております。

ところが、山本五十六長官によって殺されたのであります。手柄を立てた人間を処刑したのであります。それを、本当のことだと名前を出して今日発表したならば、遺族の方々はどう思われるでしょう。あと五〇年もたったならば、遺族の皆さんも亡くなりますから、そのときに、私の家族に対して、この名前を発表しろということを遺言として残しまして、毎日手を合わせております、悔しかったなと。戦闘で死ぬのは、我々軍人は本望でありますけれども、そういうことでたった一つの命を奪われた人間の悔しさというものを、皆さん、よく考えてください。

そして、戦争というものは狂気であります。なぜ、あのように何百万人もの人間が浅ましくも戦争をして、死んで、殺し合わなければ解決がつかないのか。万物の霊長たる人間が、話し合えばわかるはずなのに、殺し合わなければ解決がつかない。こんなばかなことはないのでありまして……、ところが、あれから四十数年、いまだにこの地球上から一日として戦

火の火が消えたことがない。これは、本当に我々が考えなくちゃならんと思いますが、戦争に命を賭けるならば、その戦争を防ぐために命を賭けるのがほんとうの利口な人間のやることでありまして、その第一線の真実を模索される皆さん方に、ぜひこの戦争をいかにして防ぐかということに全力を賭けていただきたいと、私は心からお願いしますと同時に、皆さん方の大奮闘をひとつお願いいたしまして、私の乱暴なスピーチを終わりといたします。（拍手）

★

——記者より質問——

質問一＝アメリカの捕虜尋問調書にお名前が記載されていること知って、当時から狙われていたらしいと話されましたが、具体的に身の危険を感じたことがありますか。

質問二＝今の国会で審議されているＰＫＯ法案、海外派兵がアジア諸国では非常に懸念されていますが、その点に関してご意見をお聞かせください。

坂井　第一の質問にお答えします。その当時、どうして私の名前が捕虜調書の参考に書かれていたのか、いまだにわかりませんけれども、諜報機関によって、私たち台南航空隊、戦闘機隊の内情は、だいぶアメリカとかオーストラリアに知られていたようです。そして、この

中にどういうエースがいるかということもだいたいつかんでいたようですね。だから、戦後、彼らに、おまえを狙っていたんだということを聞いたことがあります。

その頃、毎日毎日、アメリカおよびオーストラリア軍機と戦っておりましたが、ある日私は、私と日本一の撃墜王になりました西澤、そして太田の三人で何かやらかそうということで、米豪軍のポートモレスビーのすぐ近くにありますセブンマイルズ飛行場へ行きまして、三機で編隊宙返りをやって見せたんです。

そんなことは軍紀違反でありましたけれども、若さでやってしまいまして、それで、みんなにシークレット、黙っていろと言ったら、すぐそれがばれてしまいました。その日の夕方、P－40戦闘機がラエ飛行場へやってきまして、雲の間からすぽーんと抜けて、そして報告球を落としていったんです、手紙を。それを開けてみたところが、今日の編隊宙返りを気に入ったと。明日からの空中戦で、ひとつお互いに、今度はドッグファイトでやろうと。それには、今日の（宙返りをした）三人は緑のマフラーを巻いてこいと。俺も緑のマフラーを巻いていくから、そこで一騎打ちをやろうじゃないかと言う、大変ほほえましいことがありました。

そのときは、シークレットにしたのがばれたものですから、斉藤司令に怒られまして、そ

ういうことはやくざのけんかだから、やっちゃいかんということで、そういう笑い話もありました。

今、国会をにぎわしておりますPKO問題でありますが、そういう高度の政治問題に対しては、勉強もしておりますけれども、まだ私の意見をはっきりは申し上げられないような気がするんですが、海外に自衛隊が戦闘ではなくて、平和のために派遣されるのであれば、やはり国と国のつき合いもあります。それはやはり、私は出すべきではないかと思います。出すのが当然であり、それがいわゆる、国際的に通用し、そして、尊敬される国に日本がなる方法だと思います。

憲法というものは日本だけの国内の基礎法でありまして、外国には通用しないんです。それがどうしても通用しないんだったら、改正すればいいんです。そのためには、テーマをはっきりと、ごまかさないで、「こういうことで憲法を改正する」ということをはっきりと国民に知らせて、そして、答えを求めればいいと思います。それが民主主義でありまして、国会のあの無様な、見るに忍びない状態でありますけれども、皆さん、初めてのことですから、ひとつ笑わないでいただきたいと思います。こういう方法もあるんじゃないかと。ただ、私個人としては、やはり国際的なおつき合いということは絶対しなければならないし、また、

するべきだと思います。
これが軍国主義につながるなんて、とんでもないことでありまして、それは、針小棒大という言葉が日本にありますように、日本が将来軍国主義になって、再び世界に対して武力でもって自分の言い分を通そうなんていうことを考えている人間は、一億二三〇〇万の中で一人もいないと思います。できないんであります。それを皆さん方、本当に日本人の心の中というものをしっかりつかんでいただきたいと思います。

——記者より質問二
『零戦の真実』を出されてから、例えば旧海軍の高官の名前をはっきり出して批判したことで、反発などがありませんでしたか。

坂井　いやいや、それはありません。私が『零戦の真実』を書きましてから、旧海軍の高官の人たちからの反論、反駁《はんばく》などは今のところございません。その反対に、私たちの仲間である下士官や准士官、第一線で戦った下級の人たちからは、たくさんの手紙や電話をいただいております。よくやったと、もっとやってくれと。遅きに失したという賛成と激励をいただいております。
私は、無理な命令、めちゃくちゃな命令を受けても、逆らわず反論もせずに、本当に祖国

の栄光のみを信じて散っていった靖国神社の英霊に対して、私は、戦争中に頭を打ち割られ片目を失いながらも生き残らせていただいて、そして、戦後四十数年間生きてまいりましたけれども、その間におきまして、英霊となられた靖国の我々の仲間、この人たちの代弁者として、英霊を私は背中にしょって、君たちの言いたかったこと、これは違うと思ったことを俺はやっているぞと、そう信じながら、私は次も書き続けたいと思っております。その間に何人かの方から、世の中にはばかもいるから、身辺ご注意ください、ご警戒くださいという警戒信号はいただいております。

しかし、人間も七六歳にもなってしまいまして、本当にあれだけの死闘を繰り返しながら、三、四回も位牌をつくられながら生き残ってしまいますと、自分の死よりも、正しいことをこの日本に、世界に残すことの使命のほうが重いと、そう思っておりますから、別に死に対して恐怖を感じておりません。

最後に、女性の記者の方もたくさんいらっしゃいますので、ぜひ女性の方、そして、世のお母様方に、あの戦争の修羅場において体験したことの中から、どうしても聞いていただきたいことがあるんです。それは、私は二〇〇回近い格闘戦をやって、何とか勝ち抜いてきましたけれども、その戦場の勝負において勝ったときには、瞬間、あの狭いコックピットの中

で、零下何度のあの寒い機内で、「どうだ」と、勝ったときには必ずガッツポーズをやりました。俺は勝ったぞと。ところが、そのときには必ず親父です。「親父、どうだ」と。あとで考えてみると、息子というものは、親父から息子として生んでもらった以上は、親父の年代までに、親父の成し得なかったこと、親父を何かでぶち負かす、これが男の意地であり、それが孝行だと。そういうぐあいにあとから感じました。

ところが、やられて死んでいきますときに、よく芝居なんかでは「天皇陛下万歳」など言いますけど、そんなものは聞いたことありません。会ったこともない天皇陛下を思い出すはずがない。必ず我々は戦争に出るときに、自分の国を守るために、自分の親兄弟お姉さん、妹を外国に蹂躙《じゅうりん》されてたまるかと、その気持ちで出ていった。それはアメリカ人も同じでありますけど、私も、ガダルカナル島の上空でパーンとやられて落ちていくときに、真っ先に頭に浮かんだのは、やっぱり母親であります、お母さんであります。すーっとあの世へ引き込まれて、頭の中が真っ白くなっていくときに、最初に私を叩き起こしたのも母親でした。

また、硫黄島のあのすごい修羅場の中でずいぶん戦友の死に水をとりましたが、そのときに、いまわの際に叫ぶ一声というものは何であるか。決してそんなとき、親父じゃないです。お母さんであります。その死んでいく勇士の魂の真っ先に帰っていくふるさとは、母親の魂

のふるさとであり、そして、助けを求める相手は母親なんです。決してそのときに父親は浮かんでこなかったのです。

それが、私は本当に今でも忘れられないんですが、そりゃそうでしょう。親父さんというものは瞬間の一発でありましても、おふくろさんというものは、それからは十月十日《とつきとおか》、命がけでお腹に抱えて、死ぬ思いで産み落として、授乳、看病して……、とてもかなうはずがない。そこに私は人間の原点を見た。おふくろさんというのは、それほど強いんです。だから、戦争を防止するためにも、世の女性、世界の人口の半分は女性の方でありまして、この女性の方の力が戦争を、あのばかばかしい戦争を防ぐことにどれだけの力を発揮されるか、これが、私のぜひお願いしたいことであります。（拍手）

日本外国特派員協会講演〈2〉（一九九四年二月二五日）

坂井三郎

皆さん、こんにちは。ただいまご紹介いただきました坂井三郎でございます。本日の昼食会に私ごとき者がお招きいただきまして、精鋭の皆さん方にお話しできます機会をいただきましたことを大変光栄に存じております。感激でございます。

自分のことで恐縮でございますが、先ほどご紹介いただきましたように、私は一九一六年の生まれでございまして、今年がたしか七八歳になったところかなと思っていますが、人間も七〇年以上生きてきますと、一年、二年、細かく計算するのは面倒くさくなりまして、多分このへんじゃなかろうかということで、多分ということを申し上げました。若い時代に死ぬ一歩前で鍛えられ、そして、二〇〇回近い真剣勝負を体験しました結果と申しますか、おかげさまで今も丈夫でございまして、戦後五〇年間、一日も病気で休んだ日はございません。今でも、若い方々にはまだまだ負けませんよと強がりを言っているんですが、だいぶ先が見

えてきたようでございます。

何か話せということでございますが、海軍時代、そして、戦闘機パイロット時代のことを、さらに、太平洋戦争の体験を話せと言われましたら、おそらく一週間寝ずに、飲まず食わずで話し続けましても尽きないほどの体験と話題は持っております。

しかし、非常に限られた短い時間に何を話そうかと先ほどから迷っていたんでありますが、実は私、これまでも書いてまいりましたが、二年前に問題の書と言われます『零戦の真実』、そして今年、『零戦の運命』という本を講談社から出版させていただきました。なぜそのような本を書いたのかということでありますが、これは序文を読んでいただければ、そこにはっきりと書いてありますので、ぜひ読んでいただきたいと思います。

さて今日は、戦闘のことよりも、今でも忘れることのできないことに遭遇し、また、自分がやりましたことをお話ししたいと思います。そして、皆さん方にもぜひご協力をお願いしたいことがあります。この話が終わりました後で、ぜひ皆さん方から質問をいただきたいと思います。そのほうが本日の講演会にとって有意義だと思いますので。その質問も、できる限り意地の悪い質問を遠慮なくしていただきたいと思います。何でも私が自分で正しいと考えていることは即座にお答えしたいと思っていますが、どうぞひとつ質問をお願いいたしま

す。

*

太平洋戦争が始まりますときに、私たちは、この戦争がなぜ行なわれなきゃならんのか、なぜ日本が立ち上がったのかということの説明を受け、そして、天皇が示されたところの開戦の詔勅、これによって我々は、この戦いは正しいと感じて立ち上がったのでありますが、そのとき私たちが正しいと考えましたのは、このままでは日本の存立はあり得ない、同時に、東南アジア、この方面におけるところの白色人種に制覇された民族、これを独立させて大東亜共栄圏を確立し、そして、日本もともに栄えていくという、それが戦争の目的だと言われていたから、私たちは正しいと思ったのであります。

日本は三年九か月の奮闘の結果でありましたが、刀折れ矢尽きまして、惨敗いたしましたけれども、現在考えてみまして、私は、戦争には負けたけれども、戦争の目的は果たしたと思います。

考えてみまして、戦前、独立国家はたしか五十数か国だったと思いますが、あれから五〇年たちまして、現在、国連加盟国は一八〇か国余りに達しておりますが、戦後独立した国が一三〇か国余り、その中身をよくよく考えていただきたい。その中で白色人種の国はイスラ

エル一国であり、あとは全部が有色人種、東洋民族、そして、アフリカ民族、南アフリカの果てまで独立し得ましたのは、我々に言わせますと、あの太平洋戦争を我々が戦ったからなんだと。

これには、皆さん反論がおありだと思いますが、私たちが靖国神社で、私たちとともに戦い、祖国のために命をささげていった戦友たちに報告しますときに、決して君たちの死はむだではなかったぞと。立派にこれだけの国家が独立したのは、君たちの犠牲によってなされたんだということを報告しなければ、もって瞑すべきとは言えないのであります。

この事実は、日本が戦争を起こした善悪はさておき、結果が立派にこのような世の中になったのでありますから、私は戦友たちに対して、以《もっ》て瞑《めい》すべきと申し上げているのであります。この私の意見に対しましては、皆さん方の中にもいろいろ異論がございましょうし、当然反論はあると思いますが、私は今でもそう信じております。

＊

さて、開戦初日から、私は部下を率いて、零戦パイロットとして戦闘に参加いたしましたが、その間、本当に人間の限界に挑戦するような体験をし続けましたが、それは置きまして、今日は、先ほど冒頭で申し上げました、今でも忘れられないことの事実をここでお話しした

いと思います。

それはちょうど一九四二年二月五日のことだったと思います。私たちはボルネオのバリクパパン基地を出発しまして、ジャワのマランという空軍基地を空襲するために出発しました。約四五〇マイル（一マイルは一・八五二キロ）の海を越えての進撃でありますが、これは大変な距離でありまして、その当時の連合国戦闘機の航続性能から考えれば、絶対に信ずることのできないような遠距離攻撃でありましたが、ジャワ島上空へさしかかりましたときに、私は敵発見能力はだれよりもすぐれている視力を持っておりましたが、それが役に立ちまして、一機の水上偵察機、これを左前方に発見しました。

そこに飛んでいる複葉機の形は、味方の機種には一機もおりません。敵であることは間違いない。それで、指揮官機に知らせまして、「俺はあれを落としに行く」ということで、編隊から離れまして、たったの一撃で撃墜してしまったんですが、あとで考えまして、本当にあの撃墜だけはやってはならなかったのかな、と今でも思っております、相手があまりにも無力でありましたから。しかし、敵軍用機である以上は襲わなければならない。それが私たちの任務でもありました。

そのために数分間本隊から離れておりましたために、全力でまた本隊の目的とするマラン

方向へ追従していったんでありますが、ひょいっと左の前方を見ましたところ、はるかかなたに一つの黒点を見つけました。飛行物体であります。あっ、こんなところに何がいるのかなと、私は非常に敵発見能力は鍛えましたために、だれよりも早かったんでありますが、よし、まだ何かいると。今日は忙しいなと思って、それを全速力で追撃したんです。

全力で近づいてみましたところが、だんだんと、どうもこの飛行機は軍用機ではないと。そして、なおも近づいてみましたところが、フォーエンジン（四発）の見覚えのあるダグラスＤＣ－４旅客機でありました。

これは大変なものを捕まえてしまったと思いまして、頭の中でぐるぐるっと、どうすればいいかと考えまして、これは陥落寸前のジャワから、おそらく要人たちがオーストラリアのほうへ逃げ出していく飛行機ではないかと思いまして、この飛行機は撃墜するよりもバリクパパンのほうへ誘導しようと思いました。人間というものは、初めてのことに遭遇しますと、とんでもないことをやることがありまして、私は、その旅客機の前方へ向かってぐーっと出ていきまして、そして、何とか左旋回させてバリクパパンへ誘導しようと思いまして、自殺用に携行している拳銃を持って、こうやって向こうへ行け、向こうへ行けとやり始めたんです。

さらに私は、旅客機の右前に出まして風防を開けて振り返ったところが、パイロットたちも私を見ておりました。ちょうど一五メートルぐらいの距離でありまして、さあ、これはどうしたものかなと考えながらしばらく飛んでいたんですが、方向を変えさせるために拳銃をどうするんだと考えたり、（さらに、零戦の機銃で）ババババッと威嚇射撃を前方にいたしましたけれども、彼らも必死になって全速力で操縦しながらジグザグ飛行を始めました。そして、雲の中へ、雲を巧みに利用して飛び去ったと、私は最初に書きました。『坂井三郎空戦記録』にはそう書いてあります。しかし、それは本当のことではありませんでした。

そのように書きました理由は、まだ、終戦五年目でありまして、その当時はマッカーサー占領時代でありまして、このことに関して何か詮索されてもいかんと思って、取り逃がしたと書きました。しかし、実はスピードを緩《ゆる》めまして、どんな人が乗っているのかと思って、ぐーっと自分が後方に下がりながら、旅客機の主翼の右後ろのほうへ、ぴたっと編隊を組みまして、その窓を見ましたときに、私は愕然としました。

翼の中央から数えてちょうど五つ目の窓、それに接近してじっと見ましたところ、何とそこに金髪の三〇歳ぐらい、二五、六歳にも見えましたが、女性が乗っておられまして、満席でありましたけれども、そして、そのひざの上に三歳ぐらいの同じ金髪のお嬢さんが抱かれ

ておりまして、その次の窓を見ましたところ、そこにも同じような親子が乗っておられまして、私のほうをじいっと見て、（両手を）こうやっていたのか、こうやっておられたのかわかりませんが、助けてくれというよりも、「神様」と祈っている姿でした。

それを見ましたときに、私は中学生のころ、青山学院の中等部で英語研究班におりまして、マーティン先生という方から会話を習ったんでありますが、その奥様には大変かわいがられまして、そのお嬢さんの姿に私は、ああ、こんな飛行機を落としちゃいかんと思って、何とか生きてもらいたいと、そういうことを感じました。それで、すぐ私はもういっぺん前へ出まして、旅客機の操縦席を振り返りながら、「行け」とやったんです。おそらくその飛行機は、現在大変な騒ぎが起こっておりますティモール島[※1]のクーパン基地を経由して、オーストラリアへ飛んだものと私は推定しております。

今考えてみまして、その飛行機が無事オーストラリアへ着いておりましたら、あのお嬢さんが五二、三歳、そして、あの抱いておられたお母さんも八〇歳近くのおばあさんになっておられると思うんでありますが、そのことを私は八年前から、アメリカの戦史研究家、私の友人でありますところのヘンリー・サカイダに頼みまして、その後、その飛行機がどうなったか、そして、乗っておられた方が今どうしていらっしゃるかということの調査を依頼して

おりますが、いまだに返事がないのであります。どうか皆さん、その方面にゆかりのある方がいらっしゃいましたら、もう一度その乗ってらした方々に、私、ぜひお会いしたいんです。それを皆さん方に、本当に心からお願いしたいと思っております。

戦争中、戦後もそうですが、あの強かった零戦隊、あの零戦に搭乗して、あの機を操縦して戦う日本のパイロットは鬼のようなやつらで、前に立ちふさがるもの、また、そこに飛ぶものすべてを撃墜したと、そのように一時誤解されたことがありました。私の最初の本を読みました方々の中にも心ない方々がおりまして、坂井三郎ともあろう者が、なぜそれ（旅客機）を撃墜しなかったのかというようなことを言った方もいらっしゃいますけれども、日本のサムライ、零戦のサムライというものは、非戦闘員を撃墜する、殺す、そして、落下傘降下中の無力になった敵のパイロットを翼にひっかけたなんていう、うわさとか話がありますが、日本のサムライ、零戦パイロットは決してそういうことはいたしませんでした。

正々堂々と戦った相手と命を賭けて死闘をやったのでありまして、我々は欧米人と同じように、人の命の尊さ、物の哀れ、すべて感情を持った、あなた方と同じ人間であったということを私はここに証明したかったのであります。ぜひ、この私のお願いを聞いていただいて、調査していただければなと今でも思っているわけでございます。

これをもちまして、私のお話は終わります。(拍手)

★

それで、時間もいくらかあるようでございますから、ひとつ気持ちを緩めていただきまして、私が困るような、どんな意地の悪い質問でも結構でございますから、是非出していただきたいと思います。

——記者より質問——

質問一＝植民地から独立国がたくさん誕生したということですが、植民地政策を日本が進めた結果、独立国が増えたということですか。

質問二＝初めて撃墜したB－26マローダーに関しては、後日談があったと聞き及んでいますが……。

坂井　最初の植民地に関するお答えでありますが、これは問題があまりにも大きいことでありますし、また、短い時間には答えられませんが、どの民族にしろ、他民族から征服されるということは、だれも好まないと思います。

どの民族にも独立自尊の誇りというものがありまして、歴史のある一時期に、力関係からそういう立場に立つことはありましても、永久にそんなことはできないのであります。どこ

かのきっかけで、何かのきっかけで、また元へ戻る。これが繰り返すのが歴史ではないでしょうか。

二番目のご質問は、この日は一九四二年六月九日のことです。いろいろこれはありましたけれども、結局、最後にやってきましたのは、B－26マローダーという非常に速い飛行機ですが、この一二機の編隊が私たちのラエを襲いました。

そのときの空戦は零戦隊として最大の空戦をやりまして、その一二機飛んできた編隊の三番機、これに対して私が一撃をかけましたところが、まだ落としていない爆弾に命中いたしまして、大爆発を起こしたんです。私はその爆発する飛行機の中を、破片を食らいながら、ダーッと突き抜けたんであります。したがって、アメリカ軍部隊の公式記録では、ゼロが一機、B－26爆撃機に対して体当たりを敢行したということになっておりまして、私はその日に戦死したことになっているんです。

そのB－26一二機の中の四機には、ルーズベルト大統領の特使として、前線査察使として下院議員の四名の方が分乗しておりまして、私が撃墜しましたのが、特使のスティーブンスという方が乗っておられた機でありました。その返す刀で私は三番機のほうへ向かったんでありますが、この飛行機にも相当の弾をぶち込みましたが、とうとう雨上がりの雲の中に取

り逃がしました。そして、その飛行機は穴だらけになりながらもポートモレスビーの基地に滑り込んだらしいんですね。それに乗っておりましたのが、そのときの下院議員ジョンソンさんでありまして、のちのジョンソン大統領であったということです。

そのことを私は、戦後、二六回アメリカにまいりまして、いろんな方とおつき合いさせていただいておりますが、特にUSアーミー、それからUSエアフォースの方々がよく言われるんですが、おまえはどうして、こっち（スティーブンス特使の搭乗機）からやった（撃墜）んだと。なぜ、こっちからやらなかったかと言うんですよね。（ジョンソン大統領は）あんまり評判がよくないんでしょうかね。なぜこっちから……、そんなことを俺がわかるかと。それはあとの話であって、こっちからやっていれば、ウォーターゲート事件もベトナム戦争もなかったんだよと。おまえが世界の歴史を変えたんだということを言うんですよ。

日本には、「風が吹いたら桶屋《おけや》がもうかる」という三段論法だか六段論法だかがありますけれども、そんなことを俺が知ったことかと言いまして、みんなで大笑いしているんです。

そのスティーブンス氏の息子さんの家に、私は五年前に訪ねまして一晩泊めていただいたんです。そこで、「私の父はあなたに撃墜されたが――普通だったら恨むところでしょうが――、戦争だから仕方がない。せめて私の父の乗った飛行機を撃墜したのが日本のエースの

坂井であったということは、私たち一家の誇りでございます」と言っていただいて、私は気持ちがどうにかおさまっている今日この頃でございます。

ところで、私がジョンソン特使搭乗機を追撃している絵がありまして、『Zero scramble near Lae』というタイトルで、今世界のほうぼうで売り出されているようでございます。

——記者より質問二

日本の旧植民地であった台湾、朝鮮と満州について、お考えを伺いたい。

坂井 それも大変大きな質問でございまして、とても短い時間では私の考えをお話しすることはできないのでありますが、これは一つの地球上における人類の歴史でありまして、よく人間の歴史は戦争の歴史だと言われますが、まさにそれに相当するもので、植民地主義のことを私は批判しましたけれども、日本もやはり同じようなことを東洋民族に対してやっていたなということは、正直そう思います。

そのことにつきまして、大変おもしろい方がおられまして、台湾人にテン・リョウコクさんという、私が大変親しくしている学校の校長先生がおられまして、この間リタイアしましたが、その方がこの間、私の家に訪ねてきまして、日本のことに非常に詳しい方ですが、日本人よりも日本語が上手だというぐらいの方ですが、その方が私のうちにある地球儀を見ま

して、こんなことを言いました。

坂井さん、唐辛子のようなこんな小さい日本と、そして、この大きな中国、これを侵略するという、我々の漢字で書くと「侵略」と書くけれども、大体、強い国、大きな国が小さい国を侵略するのであって、こんな小さい国にこんな大きな中国が侵略されたなんて、とても恥ずかしくて言えません、と言いましたよ。

ああ、それもそうだなと。そういう考えがあるのかなと思ったんでありますが、私たちも太平洋戦争、やはりその大義名分というものがなければ、たとえ戦争とはいいながら、人の命を奪うんでありますから、そこに、自分の心を納得させるところの民族意識、そして、日本人として、俺のやっていることは正しいんだと、政府がこうやれと言うからやっている、それに対して正しいんだという気持ちがなければ、とても戦闘できるものではありません。

そこのところをお考えいただきたいと思います。だれでも自分が本位であり、自分の国が正しい、自分の国本位なんです。それが人間の本能でありまして、例えば学校の卒業写真など、大勢写っているでしょう。それを送ってくる。真っ先に見るのはどれでしょうか。校長先生の顔でしょうか、友達の顔でしょうか。真っ先に見るのは自分なんですよ。そのぐらい人間というものは自己中心主義、これは仕方がないと思うんです。国家もそうであるんです

が、戦争というものは、本当に私はあってはならんと思うんですが、あれほどの第二次大戦、殺戮《さつりく》をやった。あれから五〇年、たった一日といえども、この地球上から戦火が消えたことがないのも事実でありまして、そのためには、政治家は命を賭けて、戦争をいかにして防ぐかということに熱情を注いでいただきたいと思うのであります。

私は、青春時代のほとんどを戦争に賭けましただけに思うんでありますが、野生動物の猛獣でさえ、天が与えたその日の糧《かて》しか殺さないんです。それを、戦争という大義名分のもとに人間同士が殺し合う、こんな愚かなことはないのでありまして、しかし、世界の歴史が、人間の歴史は戦争の歴史と言われてきましたが、これだけ文明が発達したこの地球上において、いかにしてこの愚かな戦争を防ぐかということに、私たちが命を戦場に賭けたように、言葉は重なりますが、その国の政治を預かる方々、それを防ぐために命を賭けていただきたい。同時に、第一線に活躍される皆さん、マスコミの先端に活躍される皆さんも、ぜひそのことを念頭に置かれまして、いかにして世界の平和を持続するかということに関しましては、皆さん方には大きな力が与えられておると思うのでありまして、ぜひ平和を維持することに力を注いでいただきたいと思うのであります。

私はそういう戦いを、あまりにも浅ましい体験をし続けましただけに、戦後は、たとえ自

分の血を吸う蚊がとまっても、絶対殺しません。おまえにも生きる権利があるんだなと、半分ぐらい吸わせながら、はい、行きなさいと。虫も殺さない考えを私は今続けております。

――記者より質問三

意地悪な質問と思いますが、天皇に戦争責任はあるとお考えでしょうか。

坂井　私たち軍人から申しますと、天皇に責任はもちろんあります。最高指揮官であり、太平洋戦争が始まるときに、開戦の詔勅《しょうちょく》、これを信じて、私たちは命をかけて戦ったのでありまして、その命令した人に責任がないなどということは通らないと思います。責任あります。最高責任です。

私は自分の家の家長として、自分が指図し、命令したこと、そのことに関しては命を賭けても責任をとる気持ちでおるんですが、国家も私は同じだと思います。それがなければ、国は成り立ちません。

もしも、天皇に責任がないとなりますと、我々国民に対して天皇が下されるところの、その当時で言う勅語、詔勅、こういうものは全部空念仏《から》であったということになりませんか。軍部が強制したとか、そういうことは一般国民には全くわからないのであります。だから、上のほうで、都合のいいときは天皇の手柄にし、都合の悪いときは逃げられると。そういう

ことは世の中では絶対に通らないと思います。やはり最高責任者は最高の命令を下すわけでありますから、そのことに関しては、どう理屈をつけても逃げられるものではないと思います。

非常にお気の毒な方であったとは思いますが、国の最高責任者であるならば、栄誉も自分が担うならば、やはり責任も当然負うのが人間の道ではないでしょうか。非常に気の毒な方であったとは思います。それは、ものの道理として私は申し上げるのであります。決して天皇を誹謗するものではありません。

――記者より質問四

質問一＝陸海軍の中にあって、個人の責任というのはどういうことがありますか。

質問二＝あなたが個人的に戦争の大義が失われたと感じたのは、いつでしたか。

坂井　個人的には、日本の軍隊というものは、明治天皇が軍隊に下されたところの『軍人勅諭』、これが基本であります。今日お持ちしたかったんでありますが、つい忘れてきましたが、その『軍人勅諭』を我々は信じて、そして、お国のために尽くしてきたんでありますが、一般の兵士というものは、物事を自分、個人単位で判断するというようなことは、日本の陸海軍ではほとんどありませんでした。

〝上官の命令は直《ただ》ちに朕《ちん》が命令と心得よ〟ということでありますから、あの東京裁判におきまして、残虐行為を行なったとか、それから、斬首《ざんしゅ》を行なったとか、いろいろその人たちが東京裁判で裁かれましたけれども、みんな、そのやったところの、下手人《げしゅにん》であるところの下士官や兵隊たちは、上官の命令によって、私たちは悪いとは知りながらやりましたと。戦時中には上官の命令は〝朕が命令〟であって、それに反抗することは、自分の命がなくなると。

あの東京裁判のときにある兵隊が、そのように答えましたところ、裁判官が、あなたは天皇裕仁に会って確かめましたかと聞きました。飛び上がりました、その人は。私たちが天皇の前に行くことさえできない、顔を見ることさえ恐れ多い。まして、天皇からこういう命令を直接受けることはできません。目がつぶれると言われました。罰が当たります。しかし、上官の命令は〝朕が命令〟と心得よという『軍人勅諭』、それを守って、戦時中においては上官抵抗は処刑されるんですよ、自分がやられる。上官の命令によって命令どおり実行しましたと答えて、そして、その兵隊は絞首刑になりました。それを命じた上官で、「実はその兵隊の責任ではありません、私が命じました」と言って出てきた者が一人もいなかったということは悲しいことであります。もしも私が命じたならば、私は出たでしょう。その兵隊に責任はない、私に責任があると、私は出たと思いますが、本当に一人として命令を下した上

官が出なかったことは、今でも悲しいことであります。

今の話にちょっとつけ加えますが、先年に亡くなりました昭和天皇も、即位のときに、明治天皇が下されたところの我々軍人に対する勅諭、自分もこれを継承するという勅諭がちゃんとありますよ。国会図書館で調べてごらんなさい。その昭和天皇も、とうとうそれを否定されずにお亡くなりになったんでありますが、そうかといっても私は、現在、日本には天皇は必要だと思います。日本国民を統合するために、天皇がおられることがいいことであれば、これは継承すべきだと思います。決して私は天皇に反対するものではないことをお断わりいたします。

昔から、国家を経営するにおいて、〝賞罰明らかならずしては、国滅ぶ〟という言葉がありますが、そのような国になってはならないと、私は今でも思っております。

――記者より質問五

質問一＝日本の戦争の大義が失われつつあるとお感じになったのはいつでしたか。

坂井　それは、最後まで私たちはそんなことは考えませんでした。戦争が終わりまして、あの戦争裁判、そして、戦後、戦中には知ることのできなかったことをいろいろ知るにつけて、日本のやったことに対して全面的に肯定することができなくなりました。やはり日本にも相

当間違ったことがあったんだということを、今私は自分なりに反省しております。そして、二度とああいうことがないように、そういう考えを起こさないようにということは、私は今でも考えております。

どうもありがとうございました。（拍手）

※1＝インドネシアからの独立運動。

日本外国特派員協会講演〈3〉（二〇〇〇年八月一〇日）

坂井三郎

皆さんこんにちは。ただいまご紹介いただきました坂井三郎でございます。本日はお招きいただいて大変光栄に存じております。

戦争が終わりましてから五五年、私は太平洋戦争で四回負傷いたしまして、七回はもうだめだと思ったことがありました。そして、最後にはガダルカナル島上空で頭を撃ちやられ、右の目もやられまして、死を覚悟しましたが、何としても撃墜されなかったという証明をしたい、意地でも落ちるかということで、五六〇マイルを四時間四七分かけて、燃料も最後の一滴を使って、ラバウルの飛行場へ滑り込んだ体験も持っております。その後、傷はどうにか治りましたが、右の目はとうとうほとんど失明に近い状態で、海軍病院で、もう軍人として使い物にならん、パイロットに返り咲くなどとんでもないということで、リタイアを仰せつかりまして、職業補導のほうへ回されました。

何の職業補導だったと思われるでしょうか。結局、目の見えない人がよく進む道ですが、マッサージ師さんのほうへ回されまして、一週間ほど人体解剖学とかツボとかを習い始めたんですが、どうしても航空隊に戻りたいと思いまして、もういっぺん（前線に）出て行くぞということで、ちょうど准士官になっておりましたから、柳行李《やなぎごうり》に自分の軍服その他を詰め込みまして、夜陰に乗じて海軍病院を脱走いたしました。佐世保の基地から石炭車に乗り込みまして、門司まで来まして、すったもんだけんかしながら、豊橋で二五一空という第二代目のラバウル戦闘機隊が錬成中でありまして、そこへ飛び込んだんです。

そのときの司令が小園安名《こぞのやすな》大佐とおっしゃる、厚木航空隊の最後の司令として徹底抗戦を叫んで、とうとう監獄へぶち込まれた人でありますが、その方のところへ、「司令、帰って来ました」と。そうしたら、「よく帰って来たな。青びょうたんみたいな顔をして大丈夫か」、「大丈夫か何か知らんけれども、マッサージ師になれと言いやがったから、胸くそ悪いから帰ってきました、逃げてきたんです」、「何だ、じゃ、脱走兵か」と。軍医長が飛んできまして、海軍規則かどうか知りませんが、すぐ、それはだめだと。

しかし司令が、「なに、こいつの片目は若いパイロットの両眼よりもきくはずだから、一丁《いっちょう》やってくれるかい」、「そのために帰ってきたんです」と。それで再び零戦に乗りまして、

やってみたら何とか乗れるものですから、「司令、何とかいけそうです」、「そうか、じゃ、来てくれ」ということで、また第二回目のラバウルへ出撃寸前のとき、命令があって、教育部隊に回されました。

私は戦後アメリカには二七回まいりましてたくさんの友達を得ましたが、みんなが言うんですよ。我々の常識で言えば、戦争中に脱走するということは、危険なところから安全なほうへ行くのが脱走なんだけれども、ユーはどうして第一線へ行ったんだと。俺が行かなければ日本は負けると思ったからだと言いますと、よくやったなと言ってくれるんですが、よく日本人はすぐ、戦争すなわち死ぬことだと。これは間違いでありまして、死ぬ気で頑張るということでありまして、戦いもしないで部隊全部が死んだら、そこで戦争に勝てるでしょうか。勝てるはずがないんです。死ぬ気で日本の国を、自分の国を守るために頑張るんです。

その言葉がいつの間にか、死ねや、死ねやになってしまいまして、軍国歌謡の作詞家までがこんな歌詞を作りました。「夢に出てきた父上に、死んで帰れと励まされ、覚めてにらむは敵の空」。ばかもんということですよ。自分の息子を戦地に出すのに、死んで帰れと励ます父親がいるでしょうか。両手両足を取られても帰って来いと言うのが親心ではないですか。

そういう人たちまでが、戦争すなわち死ぬことだと。それでみんなその気になったようで

すが、そんなことはありません。私も四回も負傷しながら（前線に）出て行きましたけれども、これは軍人の道として、しかも戦闘機のパイロットになったときに、私は畳の上では死なんのだと。どこかの空で死ぬだろう。しかし、これがお国のためならば満足だと。

やはり、その頃の青年は目的を持っておりました。その目的を達成するために男として命を賭けるのは当然のことでありまして、例えばちょっと長くなりますが、ヒマラヤの八〇〇〇メートルの雪の中で登山を失敗して、かちかちになってこうやって凍っている人がたくさんいらっしゃいます。冒険家の植村さんはマッキンリーの雪洞の中でまだかちかちになって発見できません。しかしあの方々は決して後悔していないと思います。自分は冒険家として命を賭けると、そのことに命を賭けたのでありまして、満足していると思います。

私も今お話ししましたように、リタイアだ、もう使い物にならんと言われても（前線に）出て行ったのは、これは飛行機乗りになったとき、戦闘機のパイロットになったその日から、自分は畳の上では死なんのだと。いったん戦争になったら第一線で自分は命賭けで戦って、運が悪ければやられる、しかし、後悔はしないという気持ちからでございました。

開戦の初日から日本海軍軍人、戦闘機のパイロットとして戦い続けまして、二〇〇回近くの空中戦を体験いたしましたが、よかったなと思っておりますことは、おかげさまで、その

とき私が指揮して戦った私の列機の中から、ただの一機も戦死者を出さなかった。これは本当に私は自分ながら、どうしてそうなったのかなと。いつも私は戦争とはいいながら、人間のたった一つの命はむだに捨ててはならん、列機たちは自分の右手であり左手であり分身だと。彼らのこれらの命を敵に奪われてたまるかという自分の愛情、そして自分の未熟さ、自分の責任感の不足から部下の命を失ってはならんということはもう肝に銘じて戦ってまいりましたが、とうとう一機も、一人の戦死者も出さずに終わったことは、本当によかったなと思っております。

ちょうど終戦の前年の昭和一九年、一九四四年の硫黄島の戦いに私も出ておりまして、これを日本海軍では「あ号作戦」と申しましたが、二〇〇機の部隊が連日の空中戦で、もうほとんど全滅に瀕《ひん》しまして、戦闘機九機と雷撃機八機が残りました。そこで残存一七機でもってアメリカ海軍の第五八機動部隊に全機体当たりせよという命令を受けまして、決まったのが一二時でありました。そして出撃したのが午後三時でありました。

そのときに、日本海軍でも宮本武蔵、達人と言われた武藤金義《むとうかねよし》少尉も一緒に行くことになりまして、我々は日中戦争以来の仲間で、古いパイロットでありますから、きんちゃん、さぶちゃんと呼び合っていましたが、兵隊（従軍年数）からいきますと私より二年若い人でし

た。

「きんちゃん、いよいよ最後がきたな。ちょっと命日が早くなったな。行くか」、「行きましょう」、ということで出かけていったんですが、そこで約一〇〇機のグラマンに機動部隊の直前で襲われまして、もうあれよあれよという間に雷撃機は弾丸を食らいまして、それこそ一発でボンと、たばこの煙の輪みたいに真っ白い一〇メートルぐらいの半径の輪が、次から次へとパッパッとできていきまして、やられていく。もう手も足も出ない。次から次に上から下から襲ってきまして、とうとう私の小隊だけになりました。

そして雨が降ってきて、大雨になりまして、日が暮れてきまして、その帰っていくグラマンの後ろをつけて航空母艦へたどり着こうと思ったんですが、とうとう果たすことができませんで、ここでむだ死にしちゃいかんと思いまして反転したんですが、太平洋上、地物・地形何もありません。そこでどこで反転したか基点もとれないまま、だいたい自分の体験によってここで反転しているはずと。あとは自分独特の航空計算尺を自作しておりましたが、それでもって二時間四〇分、真の闇夜の太平洋を飛び続けまして、真っ暗の灯火一つない硫黄島に滑り込んだ体験も持っております。

本当に自分が現在生きておりますのは奇跡中の奇跡ではないかと思って、戦後五五年、と

うとう私も間もなく（数え年で）八五歳になりますが、自分の応接室に大きな神棚を作りまして、我々の仲間の英霊だけじゃなく、自分と戦って私が撃墜したアメリカの、そしてイギリスの、オーストラリアの、中国の人たちの魂もそこへお祀りいたしまして、もう戦争は終わったよ、お互いに国のために頑張ったけれどもこれからは仲よくやろうぜ、俺も間もなく行くよということで、毎日水をかえ、榊《さかき》をかえて祈りながら、二度とこういうばかな戦争をしないように何とか導いてくださいと、私は毎日手を合わせている今日この頃でございます。おかげさまで、私の本を読んでいただきましたたくさんの方々に、世界中から次から次に訪問いただきまして、来た方には必ずお参りをお願いしております。

ここで一つ、私は終戦後一般人となりまして、職業補導も受けずに一人前にパージ、公職追放を受けまして、退職金ももらい損《そこ》ないのままで労働者として今日まで生きてきました。その間に何度も大変なことになったと思ったことがございましたが、あのときの思いをすればこんなものは屁のかっぱだと思って乗り切ったんです。

一つだけ私は念願がございまして、どうにか自分の仕事も軌道に乗りましたときに、私の娘、道子と申しますが、これをアメリカに留学させまして、まだ円が一ドル三〇〇円近くの頃でありましたが、ひとつお父さんが戦ったアメリカを見てこいと。私が行くことはできま

せんので。そして、民主主義とイングリッシュをしっかり身につけてこいということで、アメリカに留学させせまして、一年、二年、三年……、六年かかってやっと向こうの大学を卒業いたしました。

そのときに、娘がいつの間にか同級生の男の友達ができまして、結婚したいと言いますものですから、これはえらいことになったと思ったんですが、ふと考えまして、戦争をあれだけ体験いたしまして、野生動物の猛獣でさえ天が与えた食料、それ以上は殺さないんであります。ところが人間はいざ戦争に訴えたら、あのような凄惨な場面をみずから作り出してお互いに尊い命を捨てるようなことをします。そのような戦争をもう二度としないようにするにはどうするかと思いまして、よし、じゃ、結婚を許そうと。その許そうと思いました私の気持ちは、お互いに民族が違う他人同士ですから、すぐ殺し合いに訴えてしまう。しかし親類同士、血を通わせた親類になれば、けんかはしても戦争はしないだろうと、その念願を私は心に秘めまして、そして結婚を許しました。

今アメリカに住んでおりますが、何とあれだけ戦ったアメリカの地に私の孫が、男の子一人、女の子一人がおりまして、一生懸命頑張っているようでございます。これが私の戦争という人間の愚かな行為、これを何とか償うには、もう自分としてはこれしかないと思ってい

る昨今でございます。まさか戦後、アメリカ人の孫ができようとは夢にも思わなかったんですが、いろいろお考えいただきたいと思います。

日本が戦いに敗れてポツダム宣言を受諾することを――私が最後におりましたところは横須賀海軍航空隊でありまして、日本海軍で最も古い歴史のある、権威のある、一万五〇〇〇名の部隊でありますが――、そこで三日前にわかりまして、そして占領軍を迎える準備をいたしました。そして隊員の復員業務をやっておったんですが、ほとんど復員させまして、そしていよいよ（航空隊を）明け渡すというときに、残っておりました整備員が十数名いましたが、捕虜と申しますか、アメリカ軍側が解放してくれなくなりまして、それで私が迎えに行きました。

ところが、そのちょっと前ですが、私の太平洋戦争の最後の空中戦が、これが何と、終戦の詔勅が下ったのが八月一五日でありますが、その二日後の一七日だったのです。B－32爆撃機（コンベアB－32ドミネーター）が大島方面から北上していると。さあ、まだパイロットたちは張り切っておりますから、やっていいかということで質問しましたら、ちょっと持てと。それで国際法を飛行隊長が調べまして、こっちからやってはいけないけれども、来るのは迎え撃ってかまわないということで、それ上がれということで、最後の空中戦をいたし

ました。そのB－32という大きな四発爆撃機は、その後沖縄の飛行場に滑り込んだそうですが、何名か戦死者が出たようでございますが、何かの事故ということで処理されたようでございます。

そして、復員業務に追われ追われまして、一万五〇〇〇人の隊員が一三名になるまで残りまして、そしてもう食い物もない、味噌もない、何もなくなって、いよいよ最後に横須賀海軍航空隊の印鑑を、我々の特務士官が日本政府にお返ししました。お偉い方々は一人もいらっしゃいませんでした。

そして横須賀海軍航空隊が終わったんですが、その捕まってしまった整備員を迎えに私は行ったんですが、アメリカ軍は何か持ってこいと言うんです。それで何が欲しいだろうと思っていろいろ聞いてみたら、日本刀が欲しいんですね。戦勝国といいながら、だいぶ米軍も軍紀が乱れているなと思いましたが、よっしゃということで、帰って一〇本ほど、私のぶんも入れまして持っていったんです。それで交換になったんですが、日が暮れてしまって、今度は私が捕虜になりまして、そこで夕ご飯をごちそうになったんですが、そのときごちそうになった生ハムのおいしかったこと。いや、我々はニシンの腐ったようなのをやっと食べているのに、こんなおいしいものを食べてアメリカ軍は戦争をしていたのか、これじゃかなわ

ないよと思いました。

そうしたら、とうとう私の短剣まで取り上げられまして釈放されたんでありますが、そのとき、このやろうども、勝ったとはいいながら武士の情けを知らんと。私はこの間、米軍の厚木基地を訪れた際に、この昔話を一言申し上げましたところが、それは申しわけないことをしたと。どういう銘が入っていて鞘《さや》の色はどういう色だったとか聞くから、銘なんか昭和刀だから入っていないけれども、とにかく俺の魂だと。その俺の日本刀がアメリカ本土にあるんだ、何としても探せと言ったら、何とか探してみましょうということで、もう三年たってしまいましたが、まだ音沙汰ないので、短剣まで取り上げられて、それが返ってこなきゃ俺の戦争は終わっていないと冗談を言っているんですが。

アメリカの海軍のほうでも非常に、このやろう、おもしろいやつだということで、（横須賀の米海軍の）航空母艦も最初のミッドウェーから歴代全部に、私はお招きいただきまして、太平洋の演習にも出ましたし、ついこの間は、アメリカの太平洋艦隊司令官ボーマン中将の着任式も、何としてもサンディエゴまで来てお祝いしてくれないかということで行ってまいりました。そうしたら、「今度退官するので、サブロー、ぜひ来てくれ」と言うから、「俺をいくつだと思っているんだ、この暑いのにそう行ったり来たりできるか」ということで、お

祝いだけ申し上げてご遠慮申し上げましたけれどもね。

そういうことで、戦後はこんなに、元交戦国と仲よくなれた。それを本当に戦後五五年、私は生き残りましたから体験させていただきましたが、戦友たちにも毎朝私は、こうやってもう平和になったぞ、あの世で連合国のパイロットたちとも仲よくやっているだろうが、俺も間もなく行くぞ、俺の席だけはぜひ末席でいいからとっておいてくれと、毎日手を合わせている今日このごろでございます。

おかげさまで、どういうわけか八五歳になりましても丈夫でございまして、戦後、在日米海軍が厚木基地を開きましたときに、そのときの司令官が、かつての南軍のリー中将の末裔の方でありましたが、どうしても厚木の基地を訪問してくれということで、元日本軍パイロットの中で第一番目に米海軍の厚木基地へ行きましたのは私であります。

そして昼食会が終わりましてサインをして、さあ、我々の手で作ったゴルフ場があるからひとつやりましょうと。ところがゴルフどころじゃない。もうその頃は食うか食えないかの時代でありまして、冗談じゃないということで、悔しい思いをして帰ってきまして、家内にそれを言いましたところが、ゴルフぐらいおやりになったらどうですかということで、三越に行ってドライバーを一本買ってきまして、これでおやんなさいと。調べてみたらドライバ

ー一本じゃできないようで、これは大変だと言いながら、あっちからもらい、こっちからもらい、いつの間にか四〇歳で覚えまして、その間に私、ホールインワンは、おかげさまで片目のゴルフで四回やりましたよ。

アメリカ・カリフォルニア州サンディエゴで日米友好のゴルフ大会が開催されたときに、世界で通用するウイングマークを持ったトップ・エースの人たちと一緒に、ミラマー基地の中にあるゴルフ場でプレーしました。日本からは一九名を引率して行ったんですが、行く前にほとんどその準備で一か月間ゴルフをやる暇がなくて練習不足の状態でした。

先方が、靴だけ自分のものを持ってこい、道具は全部新品を出してやるということでしたが、ところが、新品のスポルディングでしたが、私には長くてでかいクラブでした。

こんなもので叩けるかということで、よし、どんじりになっちゃ馬鹿にされるからとパットの練習をしましたところが、日本のグリーンと違いまして、絹の絨毯《じゅうたん》みたいに、五メートルだと思ったら一〇メートルぐらい行っちゃうんです。いや、これは今日はパットの勝負だわいと。まあ、ブービーぐらい何とかとらなくちゃいかんと思って三〇分練習しましたら、だいたい距離がつかめてきて、いよいよショットガンスタートで回り出して、映画俳優のジョン・ウェインなんかも入ってきまして、それからプロゴルファーのジーン・リトラーなん

かが私の後ろから打ち込んできまして。

そうして終わりまして、野外で大パーティー。三枚羽根の真っ赤なグラマンが飛んできまして、一〇周年記念おめでとうと降りてきて、盛んに私の名前を呼んでいますから、何だと言ったら、「ユーが優勝だ」と言うんです。「ええっ」と言ったら、何と私、テンアンダーで回っちゃいました。（調子に乗って）ジーン・リトラーに、「おまえはプロでありながら俺に負けた、そのロングアイアンをよこせ」と言って持ってきちゃって、家に置いてあります。そのときにいただきました賞金がたしか五〇〇ドルでしたから、今のお金で一八万ぐらいですか。やったということで、みんなでバーベキューと宴会をやってしまったんです。

そのときに何と一〇メートル以上のパットが五回入ったんですよ。「俺は入れる！」と言ったら、みんな男どもはまさかと思ったようですが、いざ打ってみると、シューッといって、ポトッと。五回入りましてね。もうそんなことは二度とないんですが、おかげさまで今までにホールインワンを四回。生涯にやると思ったらできます、たいていのことは。自分でやるんだ、やれるんだと、やりたいことに対して徹底的に研究し努力すれば、何とかなるんですよ。

私は右の目がつぶされてずっとだめだったんですが、左の目が今度は白内障になってきま

して、これじゃ全盲になってしまうということで、何と戦争でやられた日を、私は日赤（日本赤十字）の病院に行って自分の費用で治しました。そのことをアメリカ人に話しましたら、そんな国ってあるのか、国にも責任があるじゃないかと。戦争でやられた目を、私は自分の費用で治しましたよ。国からはいただきません、そんなものは。それは私の意地です。皆さんはどのようにお考えになるでしょうか。

戦前はいろいろありましたが、例えば太平洋戦争は、よく知らない人は戦争すなわち戦闘だと思っている。戦争と戦闘は違うんです。戦争は国と国との外交交渉の最後の手段でありまして、これはどちらも合法なんです。その戦争の中の一部門、戦闘、これを軍隊が引き受けるのでありまして、戦争イコール戦闘と小林よしのり氏なんかも書いていますが、とんでもないことでありまして、我々日本の軍隊では〝上官の命令は直ちに朕が命令と心得よ〟と、『軍人勅諭』にちゃんと記されてあります。

それをずっと我々は守って軍隊が行動してきたのでありまして、昔の軍隊というところは、陸軍の一兵卒といえども、海軍の一隻のカッターといえども、勝手に動かすことはできません。必ずそこに命令系統がきちっと確立されておりまして、上部からの命令によって我々は行動し、そして戦闘を行ない、決断をするのでありまして、決して勝手にはできないんです。

それを戦争が始まるときにはみんな、「勝ってこい」、「死んでこい」と言いながら、負けて帰ったときには、まるで軍隊が勝手に戦争を始めて負けてきやがったというようなそしりを我々は受けました。我々には天皇の命令によって、〃上官の命令は直ちに朕が命令と心得よ〃という『軍人勅諭』があるんです。これは我々の憲法でありまして、その憲法、『軍人勅諭』は、大正天皇も昭和天皇もこれを継承するという、ちゃんと立派な詔書があります。それを信じて我々は戦ってきたのに、戦争が終わったら、俺らは知らん、じゃ通りますか。

日本人はそういう非常に恥というか、いいかげんな民族でありまして、例えば先日広島で原爆の慰霊祭が行なわれましたが、あの石碑に何と書いてあるでしょうか。「安らかに眠って下さい　過ちは　繰り返しませぬから」と刻まれています。二十何万人があの一発で命を失ったんですが、「過ちは　繰り返しませぬから」と書いたその文言に、だれが書いたかということが書いてないじゃないですか。広島市長なんですか、広島県知事なんですか、総理大臣ですか、天皇ですか。

あれだけの一発で大勢の人が亡くなるようなばかな戦争、愚かな戦争を命令したのはだれなんだ、それを輔弼《ほひつ》した高官はだれなんだと。その者は罰したよ、だから安らかにお眠りくださいならわかるけれども、だれが書いたかわからない。そんなことで安らかに眠れますか、

皆さん。日本人というのはそういう民族なんです。いいかげんなんです。そのいいかげん、責任の所在というものが、上に行けば行くほど、天皇の位に近づけば近づくほど、許され、あいまいにされる国でありまして、そういうDNAが今でもあるんです。

それが戦後五五年の間にこのざまであります、この日本は。この国はだめです、今のまま推移すれば。決して好戦的になれとは言いませんけれども、やはり世界から必要とされ、そして尊敬される国になるためには、我々はここで考えるだけじゃなくて、行動しなくちゃならんと思います。それが成されないのが、日本人の遺伝子がまだまだ改善されていないからだと思うんですが、皆さん、外国の方が見られまして、現在の日本をどのように感じておられるでしょうか。

どうもありがとうございました。（拍手）

★

――記者より質問一

質問一＝日本人の兵士、特にパイロットの死生観に関して、真珠湾攻撃の頃から〝生き延びる〟という発想が非常に低く評価されていて、パイロットの中には落下傘の紐《ひも》を外して乗っていたという話も聞きますが、実際はどうでしたか。

質問二＝本を調べてみますと、陸軍と海軍との間で、例えば燃料をやりとりしないとか、いろいろと反目があったことが書かれていますが、その実態について伺いたいと思います。

坂井　答えましょうか。座ったままでごめんなさい。落下傘をつけなかったとか、つけたとかありますが、これは二つの理由があります。

一つは、特に戦闘機のパイロットの場合は飛行機に搭乗しますときには、下着をつけて軍服を着て、その上に飛行服を着て、その上にライフジャケット。それから機体と結びつけるために、座席のハーネス（縛帯《ばくたい》。自動車の安全ベルトに相当）で体を固定しますね。身動きならんのです。ところが空中戦では、私なんかは腹話術の人形みたいに真後ろに顔が回るぐらいの見張りをしませんと、バーンとやられてしまう。。空中戦というものは、どこから敵が来るかわからない。そういう状況のもとですから、地上の戦いのようにひょいと、こういうことはできません。もう視野が非常に狭いんです。できるだけ自分の視野を得たい。（戦争後半に採用された背負い式落下傘は、その収納のために座席の背当てが深くなっていて）落下傘バンドをつけたら、さらに（両肩が）がっちり固定されて身動きがとれません。それで何とか体の動きがいいようにということで、だれがやり出したか、持っていかなかったと（あるいは、落下傘バンドを肩から外したと）。

それから、当時は、戦争イコール死、戦闘イコール死という、妙な日本人の、それを美徳とした。それはもう大変な間違いでありまして、飛行機一機作るにも、日本のような貧乏な国で飛行機を作るといったら大変なことですよ。その当時、日本海軍で戦艦を一隻作った年は、調べてみますと大不況に陥っています。そのくらい国民が、わらじを履き、はだしで働いて、そしてその税金で作った軍艦ですから、戦艦を一隻作った年は大不況に陥っているんです。

そんな貧乏な国が五五三（戦艦保有率、米国五、英国五、日本三）でも勝ってみせるとか言って、兵器さえ並べれば一流国家だと思う頭の悪さ。日清、日露で勝ったぐらいで一流国家になったつもりで、そして持ってはならないものを持ってしまったもので、いつの間にか軍国主義になってしまったんですが、その飛行機を一機作るのにどれぐらいかかるか、また一人前のパイロットに仕上げるのにはどれだけの国費と、それから時間を要するか。これが簡単に死んでしまう。戦争イコール死と。

だからそれを、『あゝ梅林中尉』という歌にもなった、南京上空で被弾した梅林中尉が僚機にハンカチを振りながら自爆していったようなことを、死ななくてもいい人がどんどん死んでいくのを、皆さん方の新聞までが美徳として褒めたたえた。そういう風潮が日本人にあ

るんです。だからさっきの軍国歌謡みたいな歌も平気でもてはやされるような。我々から言えば、何を言っているんだ、戦争、戦闘は死にに来たんじゃないんだ、勝ちに来たんだと。

私なんかもラバウルで、もう激しくなってきまして苦しくなってくると、若いパイロットたちが、明日は体当たりして俺は死ぬ、それから落下傘バンドもつけていかないと。それで夜全部集めまして、ふざけるな、我々は南半球のこのラバウルまで何をしに来たんだ、勝ちに来たんじゃないかと。それがどんどん飛行機もろとも死んでしまったんじゃ、戦争は負けてしまう、何にもならない。こんな貧乏な国で飛行機をそんなお粗末にし、消耗し、そして命までも消耗したら、勝てるはずがないと。

私は上官からにらまれました。全搭乗員を集めて、右手をやられたら左手で操縦して帰ってこい、両手をやられたら口で操縦しろ、そしていざとなったら不時着しろと。捕虜になれ、捕虜になっても生き残れ。捕虜になれば敵国家の監視兵を使わせることになる。そして捕虜収容所の食料を食らう。それらは全部相手の戦力をそぐことだ。何で死んで勝つのかということを私は強調しまして、それ以来、ずいぶん捕虜になって、現在でも生きている人がおります。戦後、私のところも訪ねて来られましたが、私は上官から相当にらまれました。死ねや、死ねやが戦争じゃないんです。勝ちに行ったんですよ。

陸軍と海軍の問題でありますが、これはアメリカあたりでも、ほかの国でも同じだと思うんですが、陸軍と海軍は全く別の世界なんです。それですから組織も違いますし、命令系統も違いますし、また、国が戦争に踏み切ったときにどのように予算を配分するか、そういう系統が全く分離しているんですよね。ですから第一線に行きましても飛行場も全然違うんです。最後の頃は一緒になったこともありますが。だから、飛行機はもちろん互換性はありませんが、燃料とかそういう消耗品を出先の機関で勝手に融通し合うなんていうことは、絶対あり得ない。そういう組織になっておりましたから、仲がいいとか悪いじゃなくて、そういう組織なんです。

だから今、農林省と通産省とお互いに予算があるでしょう。それを勝手にこんなことはできないですから。それ以上にやかましいところでしたから、今考えますと、もっと融通し合えばよかったなと。また陸軍の航空隊、海軍の航空隊を一緒にして、空軍の制度は戦後できましたが、アメリカのやり方がいいということで、現在そうなっていますけれども、非常に試行錯誤を繰り返しながらやってきましたが、どこまでも海軍と陸軍はお互いに牽制しながら、けんかしながらやったか。そうじゃないんです。同じ民族ですけれども、制度がそうなっているんですから出先で勝手なことはできないんです。命令系統ですからね。

――時間がきてしまいました。坂井先生どうもどうもありがとうございました。（拍手）

坂井　まだお知りになりたいことがありましたら、どうぞ私のところにもお出かけください。

戦友・西澤廣義中尉

坂井三郎

戦闘機操縦者としての戦力に関する評価は人によって多々あると考えるが、私はその体験から、一、空中における指揮能力、二、空戦能力（個人技、撃墜数）、三、総合的指導能力の三の条件から織りなされる〝人間的魅力〟がその評価の基盤であると考える。

この三つの条件をすべて兼ね備えた戦闘機操縦者になることは、その階級、立場などを勘案してこれを成しとげることは至難のことと考える。

太平洋戦争の全域を通じて日米両軍のなかで最高のエースとなった西澤は、この第二の条件をみごとに成しとげた日本海軍が誇りとする戦闘機操縦者であると私は信じて疑わない。

私と西澤がはじめて出会ったのは、あの有名な花吹山《はなぶきやま》の噴火で連日灰の降りそそぐラバウルの飛行場、昭和一七年（一九四二）四月であった。

開戦第一日のマニラ方面攻撃を皮切りに、斎藤正久《さいとうまさひさ》海軍大佐を司令とする私たち台南海軍

であった。

航空隊（台南空）は第一期航空撃滅戦を完了して、バリ島に集結しその意気はますます盛ん

休養を終わって内地帰還組を除く半数がソロモン方面の新戦場へ進出することとなり、私は先任搭乗員としてラバウル行きに選ばれた。オンボロ輸送船「小牧丸」に乗せられて約二週間の航海ののちに着いたところがラバウル港、四月一六日。この日が西澤と私の初対面の日となった。東経一五二度、南緯約五度、ここラバウルはすでに南半球であった。

西澤は千歳空（中攻隊）を掩護して、岡本晴年《おかもとはるとし》大尉を指揮官とする少数の零戦と旧式の九六式艦戦からなる四空戦闘機隊の先任搭乗員として私たちより一足先にラバウルに進出していたが、四月一日付で私たち台南空に併合されることとなった。

はじめて見る西澤は頑健には見えなかったが、背が高く、顔青白く、口数の少ない下士官ではじめの頃は私との折り合いはあまりうまくなかったと記憶している。従って旧四空搭乗員たちと私たち意気盛んな台南空搭乗員たちとの融合もギクシャクしたものであったが、私と西澤の三年という〝麦飯の数（従軍年数）〟の開きは如何《いかん》ともしがたく、半月も経過しないうちに全員が私を中心に協力し合うようになり搭乗員室はにぎやかになってきた。

ご承知のごとく、第一線の戦地にあっては戦力の大半である主力の下士官搭乗員の宿舎と

准士官以上の宿舎は全く隔絶され、双方の距離数キロは珍しいことではなく、その待遇においてはお話にならないほど、士官宿舎に比べ私たち下士官搭乗員室はお粗末であった。

そのような状態の中で先任搭乗員は、全下士官搭乗員と寝食をともにして、特に命令されたわけではないが、彼らの健康状態、精神状態、あらゆる不平、不満を一手に引き受け、上空にあっては少数ながら部下を率いる斬り込み隊長として戦ったのであるが、今にして思えば、命を賭けた戦場とはいえ、二四、五歳の若者によくあれだけのまとめ役ができたものだとつくづく感ずるものである。のちに彼西澤も、私より若くして大戦闘機隊の先任搭乗員の大役を見事に果したことを私は知って喜んだものである。西澤も私も前後して准士官以上の待遇を受ける身となったが、下士官ながら、先任搭乗員としてその全力を尽した毎日こそが生涯におけるもっとも生き甲斐を感じたときであった。私は今でもそう思っている。

まだ戦闘機操縦者としてはまだ未熟であった笹井《ささい》醇一《じゅんいち》中尉が第二中隊長、西澤がその二番機、私が第二小隊長をつとめるようになってから、西澤と私は連日のように出撃し命を賭けた空戦をともにするようになったが、その頃から西澤は急速に実戦技量を上げてきた。連日の戦いにも疲れを知らぬ私たちは、特に激戦となった日は、就寝前の時間を活かして、よ

く戦訓の話し合いの場を持った。「いかにして被害を少なくして最大の戦果を上げるか！」、いつもこれが議題であった。

太田敏夫《おおたとしお》、吉田素綱《よしだもとつな》、遠藤桝秋《えんどうますあき》といった猛者《もさ》下士官たち、ときには笹井中隊長も参加されたが、南十字星の輝やく星空を見上げながらの討論は真剣そのもので、そんなときの西澤の発する意見はピタリと要を得たものがあり、翌日の空戦に大いに役に立ったことを今も私は思い出す。

さて、西澤があれだけの戦果を挙げ得たその戦力の根拠は何であったか？　いろいろと意見の分かれるところであるが、私は敵に先んじて敵を発見し得るずば抜けた見張り能力、すなわち敵発見能力にあったと断言することができる。これは彼の視力が優秀であったことはもちろんであるが、彼の性格、執念深さと、用心深さがその心眼となって働き、さらに負けじ魂がその能力を倍加させたからだと思えるのである。心を許すようになってから私は西澤に空戦場においては、この見張り能力こそが勝利者となる第一条件であると強調したが、西澤も同感であり、戦闘機同士の空中戦においては先手必勝が絶対的な条件であり、その先手とは敵の視力圏外で敵機を感知し第一撃の主導権を握ることが必須と考え、一戦ごとにその

能力を上げた西澤と私は常に戦場において敵機の第一発見者を競ったのであったが、私は概して水平線より上、すなわち味方編隊より高度の高い敵機群、西澤は水平線より下にある敵機を発見する能力に優れていたが、お互いに第一発見者となったときには、敵機に全く気づかれることなく仕留めることを得意技としたものである。

話は変わるが、力士でも稽古《けいこ》場より本場所で実力を発揮する者がたまにいると聞くが、格闘戦においても西澤はまさにこのような実戦型であり、命を賭けた一戦一戦の勝負の体験の積み重ねが、乱戦修羅場の中においても巧みに自らの術中に相手を誘いこみ、すばやく仕留める技を会得させたといえる。

ある出撃の朝、西澤が私に言った。「今日空戦が暇だったら新しく出て来たらしい敵戦闘機の格闘戦能力を試してみようと思います！」。不敵にもこう言い放った西澤は、その一時間後、ポートモレスビー上空において私の目の前でP－39戦闘機一機を捉え、高度四〇〇〇メートルで水平戦闘に引き込んだ。お互いに操縦桿を引き合う互角の垂直旋回戦闘であったが、一気に追尾に入り仕留める技を持っていた西澤はそれをせず、相手の動きより少し小回りする操縦で相手の手の内を見ることにした。じれてきた相手が無理に西澤機に追尾しようとしたものの、西澤の次の動きに気づかずにいた瞬間、相手は失速状態に陥り、あっという

間にスピンに入って急速に落下を始めた。西澤はすかさず落下する敵機の周りを急旋回しながら相手が立ち直るのを待つ態勢に入った。やがてスピン状態から立ち直った敵機は目前の西澤機に気づき健気《けなげ》にも再度の格闘戦を挑んだが、またも西澤に軽くあしらわれて再度スピンに入ってしまった。そしてしばらくの必死の立ち直り操作も空しく、西澤の一撃で撃墜されていった。実戦で敵機を手玉にとって見せた西澤に一瞬私も、舌を巻いたことであったが、基地に帰った当の西澤はだれにともなくつぶやいた。「今日の撃墜はあと味が悪い！」

西澤と私の空の想い出は数々あるが、昭和一七年五月一七日のことは、今でも鮮明な想い出となって私の頭のなかに生きている。

その頃、連日のように激戦の続く前進基地ラエでは、戦死者が続出した。自分にも近い将来その日が来るということは口にこそ出さないが私たちはみな覚悟していた。その頃私たち古参の下士官搭乗員の仲間の間で空戦以外で敵をびっくりさせるようなことを死ぬ前に何か一つやらかそうではないか、ということになった。元気者ぞろいの搭乗員たちである。敵飛行場に着陸しての焼き討ちは、昭和一三年、艦爆の小野了《おのりょう》三空曹（後に中尉）が南昌《なんしょう》飛行場で敢行し両軍の度肝を抜いた。零戦でも羽切松雄《はぎりまつお》一空曹（後に中尉）たちが成都《せいと》飛行場でやってのけていて、この手はもう古い。私はそこで「そうだ、戦闘機らしく敵基地上空にお

ける編隊宙返りはどうだい！」。こっそり相談した西澤と堅物《かたぶつ》の太田飛曹長が「やりましょう」と乗ってきた。決行の日は意外に早くやってきた。

昭和一七年（一九四二）五月一七日、敵基地に戦闘機が多数集結したという情報にこの日は珍しく御大中島正飛行隊長のご出馬となり、私が二番機、西澤が三番機を務めることになった。私たちの見張り能力と空戦能力が買われたようだ。基地上空に着いてみると予想に反して敵機の大半はいち早く逃走したあとで、少数の敵機は手の早い味方にあっという間に撃墜されてしまった。帰投予定集合地点に味方機が集まってきたので、全機の無事を確かめ終わった私は隙を見て味方から離脱した。目指すは、ポートモレスビー市街南方の海上である。約束通り西澤機と太田機が寄りそって来た。編隊を組み終わり見張りを十分にしながら反転し、敵基地のセブンマイルズ飛行場上空で見事に編隊宙返りを敢行した。続いてもう一回、これで帰ろうとすると二番機の西澤が白い歯を見せながら手信号で「もっと高度を下げろ！」と言う。よしとばかりにぐんぐん高度を下げて二〇〇〇メートルになったところで、今度は三機が気前よくきれいに三回連続宙返りをやってのけた。この基地にはすごいばかりの防空砲火陣地があったが、あきれたのか、一発も撃ってこなかった（戦後八年経ったある日、当時この基地で、私たちの編隊宙返りを見て拍手したという人に私は会った）。私たち

のこの行為は完全なる飛行軍規違反であり、バレたら懲罰ものである。

三人とも満足感を味わいながらも秘密を守ることにしたが、それも束《つか》の間だった。その日の夕刻、敵戦闘機一機が雲間から急降下、ラエ基地に投下した報告球に入れられていた敵からの手紙でバレてしまって、小園安名《こぞのやすな》副長に三人そろって大目玉を食うはめとなったが、それでも西澤と太田は「先任、今日は満足！　もういつ死んでもいい！」そう言って笑いこける。西澤もまた若き一人の青年であった。

西澤廣義《ひろよし》は、長野県上水内《かみみのち》郡南小川村（現・小川村）大字高府《おおあざたかふ》というところで大正九年（一九二〇）、大きな農家の四男一女の五人兄妹の三男として生まれた。父の名は酒造治、母の名をみよ志といった。

高等小学校を最高の成績で卒業、一時町の製糸工場で働いたが昭和一一年（一九三六）六月、第七期海軍飛行予科練習生に合格し、昭和一四年三月、飛練教程を卒業、戦闘機パイロットとなった。

高等小学校の終わりの頃、担任の先生が所用で授業を休むときは、その日の授業を西澤に任すほど彼は信頼されていた。西澤もそれにこたえて、先生専用のムチを片手に立派に代役を果たしたという。その当時の同級生の話である。しかし、海軍に入ってからの、特に同期

生の中での西澤評は複雑であり、あまり芳《かん》ばしくないのはどうしたことであろうか。よく知られている人間西澤の性格というと、孤独型で協調性に乏しく、口数少なく強情で狷介《けんかい》な一面があり、上官に対しても一言多いタイプで、どう見ても一般に好かれるタイプではなかった。マラリアも持っていたようで、常に顔面は蒼白で内臓にも故障があったようだ。私も彼と共通の悪い性格の一面があると自認するものであるが、腹を割るまでに時間を要するタイプの人間であった。ラバウル時代は私が先任搭乗員、彼が次席で、実にうまくいったものだが、これも変人同士だったからであろう。

軍務を離れての行動においても潜行型で実に謎の多い人物と言われている。

しかし、ラバウルでともに命を賭けて同じ中隊で戦った私にとっては、人物の好き嫌いは別の問題であって、空中戦になったとき味方としてこれほど頼りになり、これほど心強いパイロットを私は他に想い出すことはできない。

お互いに旋回銃には、まぐれ当たりにやられることがあっても、敵戦闘機の弾丸では絶対にやられることはないと自他ともに認めたほどの強者《つわもの》西澤も、第一次神風特別攻撃隊の直《ちょく》掩《えん》の帰路、乗機をクラークフィールド基地に置いて輸送機で帰還する途中、宿敵グラマンF6F二機に襲われ、二五歳を最期として比島カラバン上空で無念の生涯を閉じたのである。

＊

昭和四四年八月、潮書房社長（当時）の高城肇《たかぎはじめ》氏が長野の西澤の生家を訪ねたときのことである。急な山道を籠《かご》をかついでとぼとぼと降りてきた小柄の老婆が廣義の御母堂みよ志さんであったが、そのとき父親酒造治さんはすでに他界されてこの世になく、みよ志さんに話をしたところ、これだけのことをやってのけた息子廣義の業績をこのお母さんは全くご存知でなかったという。敗戦国とはいえ何というむなしさであろうか。

あれから三二年経った小川村高府の西澤家では、ささやかな三十三忌の法要が行なわれた。施主はこの家の主人、西澤の長兄の貞次郎氏と兄妹のごく内輪の法要であったが、その日、一人の中年の女性が西澤家を訪ねた。一泊して「これで思い残すことはありません」と言って帰ったとのことで、どうやら廣義ゆかりの人であるらしい。

西澤家に残された何枚かの写真のなかの一枚に、ある一家らしい五～六人とともに撮ったものがある。中央に西澤廣義がおり、一人おいて右側にその若い（当時）女性が立っている。スタイルのよい、しっかりした人といった印象の人で、写真の裏に「熱海、歯科医、佐藤」などの文字が読めるという。

鉄人・西澤、彼もまた一人の夢多き若者であったのか。　合　掌

島川正明君に捧ぐ

坂井三郎

記＝坂井三郎中尉と島川正明《しまかわまさあき》飛曹長の結びつきは、台南航空隊時代に坂井三郎小隊長、二番機本田敏秋、三番機島川正明という編成であったことから、島川氏は坂井氏の身の回りを世話するようになる。そのことを坂井氏は、「よく気がついてやってくれたな。こっちのほうが気味が悪いくらいだった」と回顧している（『島川正明空戦記録』所載の対談〝撃墜王とその列機〟より）。

弔辞

島川君！　君は私たちを残して逝ってしまった。君の誇り高き風貌、君の心に沁《し》みる音声は、もう見ることも、聞くこともできない。これが断腸の思いというものであろうか。

一樹《いちじゅ》の陰《かげ》一河《いちが》の流れも他生《たしょう》の縁という。

そのたった一度の人生の中で君と私は、年若くして国を思う心を奮い立たせ、日本海軍に身を投じ、選び抜かれて日本海軍戦闘機操縦者となり、太平洋戦争の初期において君は、世界にその名を馳《は》せた台南海軍航空隊のパイロットの一員として、縁あって私の列機となり大活躍。今もなお、島川正明の名は、生き残った私たち戦闘機操縦者たちの中で語り草となっている。貴様の著書『島川正明空戦記録』の中に生き生きと述べられていることがその証明である。

今も忘れられない私たちの台南海軍航空隊（司令・斎藤正久大佐）は、昭和一六年八月末、台湾高雄基地において編成されたが、君と私の出会いは、そのときであったなぁ！

中支戦線から引き揚げてきた私たち斉藤部隊に君たちは併合されたが、斉藤部隊の先任搭乗員として全搭乗員のまとめ役であったうるさ型の私の心の中に、真っ先に飛び込んできたのが若年島川一等飛行兵（当時）の貴様だったなぁ！「班長！島川なんて呼ばないで島っ！と言ってください」。縁あって間もなく私の列機三番機となって、開戦以来目を見張る活躍ぶりを見せたが、第一期の作戦を終わって、私たち本隊は遠くラバウルへ、君はミッドウェー組となって相別れたが、その後各地に転戦活躍する君の安否を気にかけながら、お

互いに戦果の中を戦い生き抜き、昭和二〇年五月、四国松山基地三四三空、戦闘四〇七となった戦闘飛行機隊で再会したが、そこで見たものは、あの島川が先任搭乗員となって見事に成長し、全搭乗員を指揮指導する雄姿。その言動を垣間見《かいま》たとき、「島のやつ、あの頃の俺にそっくりになっていやがる！」と、ほくそ笑んだことを私は忘れない。戦後、戦傷によって右眼の視力を失った私に代わって貴様は海上自衛隊に入隊し、数多くの操縦者を育て上げた貴様の功績は見事であったと賞賛したい。

「班長からそんなに褒められると、気味が悪い、あとが恐い」と言うかもしれないが、これは私の本音だ。

今もなお海上自衛隊において、島よ！　貴様の教え子たちが脈々として貴様の精神、知識、技能を受け継いで立派に活躍しておられるぞ！　以《もっ》て瞑《めい》すべしとはこのことであろう。

アメリカ・アラバマ州の空軍総合大学の空軍指揮幕僚大学が開催している航空・宇宙関係で偉大な足跡を残した先駆者を招く『鷲たちの集い』というイベントがあり、その一九八三年招待の二六人の一人に私が選ばれた。この『鷲たちの集い１９８３』に参加するため、私は日本航空のジャンボジェット機を利用したが、その機の機長が私の席に挨拶に来られたときの言葉。「坂井先生、私はあなたの孫弟子にあたります。本日のご搭乗ありがとうござい

ます」。「孫弟子！　それはどういう意味ですか？」と聞き返した私の耳に返ってきた言葉は、「私は海上自衛隊において島川教官にみっちりとパイロットの道を仕込まれました。そのときの仲間たちも私と同じように世界の空を飛び回っております。だから孫弟子にあたります」だった。

島よ！　このように貴様の教え子たちは、今も官に民に世界の空を飛び回っておられるぞ。何とすばらしいことではないか。島よ！　まさに以て瞑すべしとはこのことであろう。

先任の俺を差し置いて、俺より先に逝ったら承知しないぞ！　と、闘病中の貴様に注文をつけ続けたが、先に逝ってしまった。

「班長お先に！」。あの世で俺が来るのを準備万端整えて待つ心算だったのかと今私は思っている。

男の中の男として自らの意志を貫き通した私の愛してやまない勇者・島川正明の霊よ。あの世では、かつての戦友たちとの語らいに、忙がしい毎日となることと思うが、ときには苦労をかけ続けた奥様を思い出し、そして、お子様たちの行く末を見守ってあげてください。

血肉を分けたる仲ではないが、忘れられない私の列機、島よ！　しばしのサヨナラだ。

【第二章】　私の中の坂井三郎

最後のサムライ・坂井三郎

神山典士

最後のサムライの死

至誠に悖《もと》るなかりしか
言行に恥《は》ずるなかりしか
気力に欠《か》くるなかりしか
努力に憾《つら》みなかりしか
不精に亘《わた》るなかりしか

その日も、男は朝の「儀式」をいつものとおりに行なった。

白宅の居間の棚の上には小さな鳥居《とりい》が鎮座《ちんざ》している。傍《かたわ》らには零戦《ゼロせん》の雄姿《ゆうし》が描かれた油絵

と男の手による何冊かの著書、さらに半世紀以上前の戦闘服姿の写真とひと握りのボールペンの束が祀《まつ》られている。

神棚の前で、男はこの『日本海軍五省《ごせい》』を読み上げてから一日の仕事につく長年の習わしだった。

その青春時代、常に死の淵を覗《のぞ》く戦場の中で、男を支え、糺《ただ》し、そして鼓舞してくれた言葉だ。

だが、八四歳の誕生日を迎えて間もないこの日の宣誓が最後になるとは。

「第二次世界大戦の悲劇的な終結にもかかわらず、アメリカによって言論の自由が日本にもたらされたことを最も喜んでいたのは坂井三郎でした」

夏が再び戻ったかと思われるほど強い日差しがふり注いだ秋の一日。東京・青山葬儀所の建物と広い庭には、坂井の長女・道子による英語のスピーチが流れた。

祭壇の中央には笑顔の坂井の写真が飾られ、式場には約二〇〇の椅子《いす》が並べられている。

通常の葬儀と比較して特異に思われたのは、日本人の姿よりもアメリカ軍からの出席者の

ほうが目立ったことだった。もちろん単純にその数を比べれば日本人のほうが多いが、印象としては黒色のアメリカ軍服姿が目につく。この葬儀所にありがちな政治家やなれあいの有名人からの花束はなく、そのかわり、炎天下《えんてんか》、数百人の一般の参列者が献花のために何十メートルもの長く太い列をつくった。

第二次大戦中、零戦を操って六四機撃墜の偉業を果たした「撃墜王《げきついおう》」「大空のサムライ」の死去は、その数日前、新聞の片隅にひっそりと報じられた。

その報道のされ方にも、坂井らしいエピソードが隠されている。

坂井が倒れたのは、二〇〇〇年九月二二日のことだ。厚木基地で開かれた在日米海軍西太平洋艦隊航空司令部五〇周年式典に招かれ、食事を終えて帰ろうとしたときのこと。

「何だか気分が悪い」

そう呟《つぶや》いて崩れるように坂井は倒れた。

当初、同行していた主治医の春山勝《はるやままさる》は、一過性の起立性低血圧症と判断した。普段から手帳に忍ばせている気つけの塩を坂井の口に含ませ、気功によって気を送り込んだ。さらに米国の医師に教わったオステオパシーという療法も試みた。

このとき春山の脳裏にあったのは、持病のない健康体の坂井のイメージだった。戦時中は

二〇〇回近く出撃して一機の僚機《りょうき》（後に従う列機）も失わず、撃墜王の名を欲しいままにした坂井のことだ。よもやこんなことで緊急事態にはなるまい。

もちろん医師としては冷静に、近くにいた米兵に指示して救急車の手配はしたものの、少年時代からその著作を読みふけっていた春山にとって、坂井三郎は、あくまで不死身の存在だった。

駆け込んだ救急病院で、春山は当直の医師と相談して心電図モニターを使った。現れた波形は心筋梗塞《しんきんこうそく》ではないことを示している。血圧も若干回復し、心拍数も一分間九〇前後、動脈血酸素分圧も正常値を示した。呼吸器系にも異常はない。

病院への搬送中も院内でも、坂井はずっと意識があった。「握ってください」と春山が手を差し出すと、しっかりと握り返してくる。

二人の医師は、万が一を考えて脳梗塞のためのＭＲＩ（核磁気共鳴診断装置）検査を行なうことにした。脳梗塞が認められれば、点滴内容を変えなければならない。

レントゲン室に移動する直前、坂井が呟いた。

「もう眠ってもよいか」

傍らについていた春山は答えた。

「ゆっくりお休みください」

言葉どおり、坂井は眠りにつく。結局それが、坂井の最後の言葉になった。

その死去が報じられたのは同月二七日のことだった。五日間、その死は伏せられたことになる。

のちにその理由を訊ねたとき、坂井の長女・道子は言った。

「私はアメリカに住んでいますから、知らせを聞いて日本に戻るまで時間がかかることもありました。でもそれ以上に、いったいどれくらいの方が葬儀にいらしてくださるのか、親族でもはっきりとわからず、葬儀場の手配ができなかったんです」

通常の葬儀なら、近くの寺や葬儀場で行なうのが普通だ。巣鴨にある坂井の自宅には広いリビングもあるから、自宅という案もないではなかった。けれど坂井には熱心なファンが全国にいる。普段その姿は見えないだけに、その数がどれほどのものなのか、親族にも計りかねるものがあった。

八〇代を迎えてからも、坂井は頼まれればテレビにも出演し、教育問題などにも熱弁をふるっていた。九二年に上梓した〝零戦三部作〟の初作、『零戦の真実』は全国の書店でベストセラー入りし、その熱烈なファンの存在を証明してもいる。

普段の生活は決して派手ではなかった。けれどその自宅には在日米軍の司令官や戦時中の部下、あるいは格闘家・前田日明《あきら》やマスコミ関係者など、坂井を慕う者たちが出入りし、何かにつけて坂井の言葉に耳を傾けて帰っていった。

とはいえ戦後も半世紀を過ぎ、戦争そのものが風化した。当然ファンの気持ちも年とともに変わっているはずだ。

——いったいどれくらいの方々が、坂井とお別れをしてくださるのだろう。

坂井三郎は変わらなくても、世の中は大きく変わってしまった。親族はそのことを自覚していたのだ。

けれど、青山葬儀所に延びた長い行列は、ファンの気持だけは年月に負けず「風化」しなかったことを示していた。

けれど私が坂井三郎という存在に惹《ひ》かれるのは、むしろその戦後の生き方にある。

かつて坂井は九四年、日本外国特派員協会（通称、外国人記者クラブ）で「第二次大戦時の最高司令官としての天皇の戦争責任」を粛々《しゅくしゅく》と語ったことがある。その発言は国内だけでなくアメリカでも大きな注目を集めた。一連の著作の中でも、上官の無謀な出撃指令に対

する批判を繰り返し繰り返し敢然と述べている。自ら撃墜されるようなミスを犯した山本五十六《やまもといそろく》がなぜ国葬になったのか。もっと手厚く弔《とむら》うべきは、無能な軍部首脳の命令に振りまわされ、尊い命を落としていった兵士たちではないのか。

その言動は、常に戦場の最前線を体験した一兵卒《いっぺいそつ》としての視点が揺るがず、戦後の日本という国家の矛盾を鋭く突いた。

「どんな失政があっても、政治家や大企業経営者が責任をとらずに問題がうやむやになる今日の日本の状況は、そもそも天皇の戦争責任が厳しく問われていないからだ」

以前から坂井はそういう意味の言葉を繰り返し述べている。

数年前に私が長いインタビューを行なったときも、日本の無責任体質を嘆き、その根幹となった戦争責任に対しては毅然とした物言いだった。

「英霊《えいれい》を祀《まつ》った祠《ほこら》は外国にもあります。日本にもあっていい。天皇も参って当たり前です。でも戦争犯罪人をなぜ祀るのか。戦争の首謀者《しゅぼうしゃ》たちは罰せられて当然なんです。それを靖国《やすくに》神社《じんじゃ》の宮司《ぐうじ》たちは英霊と一緒に祀ってしまった。それでは国際世論が許しません」

その視点には、常に日本を外から見る客観性があった。戦争体験や軍隊生活をノスタルジーで語るのではなく、常に今日的な問題としてとらえ、真理を喝破《かっぱ》するのが坂井だった。

「〝日本を守る航空自衛隊〟という看板が基地にあるのを講演に行ったときに見かけて、その司令官に怒ったことがある。国を守るのは国民の意志と政治であって、航空自衛隊は最初に外敵を殲滅《せんめつ》すべく戦闘を行なうのが使命だ。あの看板は大きな偽りだと言ったんだ」

厚木基地への道すがら、春山は車中で坂井がそう語ったのを覚えている。

自衛や国防といった国の本質であるべき問題までもがムードとして扱われたり、何かことが起きたときにだけ論じられるような今日の風潮に、坂井は我慢がならなかったのだ。

その言動は、最後まで鋒《ほこさき》が鈍ることはなかった。マスコミに登場する回数は減っても、世の中を見すえる視点は鋭かった。坂井を慕《した》う多くのファンも、そして私も、戦時中のヒーローとしての彼だけを見ていたわけではない。むしろ戦後の毅然とした生き方や主張に共感を覚える人のほうが多かったはずだ。

そしてそのことを評価していたのは、実は日本よりもアメリカだった。

だから坂井の葬儀のハイライトは、英語で語られた道子のスピーチにある。

式の後半、親族を代表して挨拶《あいさつ》に立った道子は、まず日本語で「故人への生前のご厚情《こうじょう》を感謝いたします」と短く挨拶した後で、「英語でも同じ意味のご挨拶をさせていただきます」と前置きしながら、英語ではまったく異なる内容の挨拶を始めたのだった。

「彼の好奇心はとどまるところを知らず、〝二人の人間がいたら二つの異なった意見があるはずだ、もし二人で一つの意見しかないのなら一人は無用ということになる〟と言って、坂井は異論を尊重する姿勢を変えませんでした。

私から見れば栄光に包まれた坂井の死ではありますが、坂井自身は死して称《たた》えられるよりも生きることに喜びを感じていました。それはかつて敵国であったアメリカ合衆国から学んだものでした。

坂井が言葉を発するとき、日本人よりもむしろアメリカ人のほうがその価値を認識し、耳を立ててくださっていたように思います。特に米軍においては、驚くべき真摯な姿勢で坂井の人生の最後まで深い敬意を表し続けてくださいました。

母であり、坂井の妻である暖子《はるこ》にかわり、また家族を代表して、私はもう一度アメリカ合衆国に対してありがとうと言わせていただきます。あなた方が父へ敬意を込めて示してくださった親切に対して。力強く示してくださった人間同士の信頼と友情に対して。

彼の魂は天に召されましたが、坂井の旅立ちは私たちにとっては新たな出発でもあります。どうぞ彼のメッセージをご記憶ください。

『ピース、ノット・ウオー』

子孫を守れという坂井の願いが、この死によって絶えることがありませんように。

ありがとうございました」

アメリカが称えた「ヒーロー」

振り返れば終戦直後、焼け跡の中から坂井の存在を探りあて、その功績を最初に称えたのは日本に駐留《ちゅうりゅう》するアメリカ軍だった。

「とうとう坂井さんが戦犯として連行されていくんだ」

東京阿佐ヶ谷《あさがや》の坂井宅のバラックの前に進駐軍《しんちゅうぐん》のジープが停まったとき、口さがない近隣の人々はそう噂し合った。戦時中敵機を六四機撃墜し、多くの人命を奪ったのだから、極東裁判で裁かれても仕方ない。

「俺は国際法規は犯していない。戦犯とは、捕虜《ほりょ》を虐殺《ぎゃくさつ》したような者たちがなるものだ」

日ごろから坂井はそう強がっていたが、内心では不安を感じていたのも事実だった。

坂井を乗せたジープは日比谷に向かい、GHQ本部に滑り込む。同行した米兵たちは無言のままに坂井を一室に導く。そこには香り立つ紅茶と食べたこともないほど甘いケーキが用

意されていた。

「捕虜も悪くないものだな」

少し心が落ち着いたころ、坂井は大部屋に通された。そこには進駐軍の将校たちとＡＰ通信の日本支局長たちがその登場を待っていた。

いくつかの質問が坂井に向けられる。

「これは何のための質問か。戦犯としての取り調べなのか」

背筋を伸ばした坂井が逆に鋭く問いただすと、ＡＰ通信支局長ラッセル・ブラインが思いもよらない言葉をにっこりと微笑んで言った。

「何を言っているんだ。君は戦犯じゃない。戦争のヒーローじゃないか」

このときのインタビューがブラインの手によって世界に発信され、のちに坂井には米国で「ゼロ・ファイター」という称号が与えられる。もちろんこのときはまだそんな未来は知るはずもなく、坂井は「ヒーロー」という言葉の響きを噛《か》みしめながら、記憶している戦時のことをただ述べるだけだった。

その記憶と状況把握の確かさに、アメリカ軍将校たちはこう言った。

「あなたは本当に下士官なのか。アメリカでは将校でもそんな知識はないが――」

実はその記憶力が秀《ひい》でていたのにも理由《わけ》がある。

大戦末期、当時派遣されていた長崎・大村飛行場そばの旅館の一室で、坂井は一人の新聞記者と向かい合っていた。坂井が戦闘の様子や基地での生活の細部を語り記者がメモをする。それは軍の秘密を外部に漏らすという軍規に違反する行為だったが、坂井はどうしても自分の体験を後世に伝えないと気が済まなかった。

大戦が始まった初期から坂井は常にノートを携帯し、メモを取り続けていた。戦闘場面は愛用のライカで撮影し、いつか発表しようと考えた。

敗戦となり、すべての記録資料を焼却するようにとの指令が出されたときも、「どうせ戦犯になるのなら命令に従う必要もあるまい」と鞄の底にメモを入れて帰還してきた。

それらが、戦後、生きた。

アメリカと出会うことで知った民主主義、言論の自由、たとえ敵であっても功績があれば「ヒーロー」と称える自由の気風。

坂井の目の前に新しい目標が現れた。

自分が体験した戦争の真実を、書き記しておくこと。

以降自ら「第二の人生」と語る戦後の半世紀は、新しい目標に邁進《まいしん》する日々となった。

娘に託した無言のメッセージ

「私の高校時代は全共闘運動が盛んな〝政治の季節〟でした。だからいくら父が戦争の英雄だと言われても、素直にそれを認められなかったことも事実です。ところが私がアメリカの大学に留学してアメリカ中を父と一緒に回るようになってみると、それまでまったく知らなかった父の一面が見えてきました。それからです、父のことを少し理解できるようになったのは」

現在はアメリカ国籍を持ち、二児の母でもある道子が言う。

昭和四〇年代に入り、アメリカを訪れる機会が増えた坂井は、とにかく出会った人、出会った物、戦争の記録、人々の考え方、すべてに対して日本では示すことのなかった貪欲《どんよく》な好奇心の塊《かたまり》になった。通訳をつとめる道子を急《せ》かして「彼は今何を言っているのか」、「ここには何と書いてあるのか」、「こういう習慣はアメリカでは当たり前なのか」と矢継ぎ早に質問を浴びせてくる。

その態度には、アメリカをもっと知りたいという必死の思いが滲《にじ》み出ていた。

――自分はどんな国と闘ったのか。アメリカ人はどんなことを考えていたのか。どんな人種なのか。

戦後の復興期、印刷業を興していた坂井には、英語を勉強する時間も資力もなかった。だが道子には小学生の頃から英語の個人教師をつけ、アメリカ留学もむしろ勧めたほどだった。

道子はそのことを、「自分のかわりにアメリカを知ってこい」という坂井の無言のメッセージだったのではないかと振り返る。坂井もまたインタビューの中で、「私のかわりにデモクラシーの勉強をしてこいというつもりだったのです」と語っていた。

戦後、あるアメリカ大統領はこう語った。

「アメリカ合衆国の強さは、たとえば太平洋戦争の初期において、圧倒的な強さを発揮した日本海軍の零戦隊のようでなければならない」

坂井が五三年に書いた『坂井三郎空戦記録』をもとに、アメリカ人作家マーティン・ケイデインが著した『ＳＡＭＵＲＡＩ！』は、英語はもとよりフランス語、ドイツ語、イタリア語、スペイン語などに訳され、世界中でミリオンセラーになっている。アメリカ軍の中では、今でもそれは必読の書だ。アラバマ州のマックスウェル空軍基地内にあるＡＣＳＣ（米空軍指揮幕僚大学）の教官室には、必ずその本が備えられている。坂井が九五年に同大学で講演

を行なった際、真っ先にその本を手にサインを求めてきたのは同大学学長のワーデン大佐だった。

欧米では空中戦で五機を撃墜すると「エース」と呼ばれる。各種兵器の性能が飛躍的に向上し、もはや空中戦が成立しにくくなった現在、坂井が持つ「六四機」という数字はおよそ到達不能の数字だ。

それだけではない。大戦中、右頭部に被弾《ひだん》し視力を失ったまま一一〇〇キロ、四時間四〇分も飛び続けて基地に帰還《きかん》したこと。当時アメリカ空軍最高のパイロットと言われていたコリン・ケリーが操縦する「空の要塞」B－17を撃墜したこと。坂井を不世出《ふせいしゅつ》の「エース」と呼ぶ理由は枚挙にいとまがない。

アメリカを講演旅行中、坂井は請《こ》われれば二〇〇〇枚にも及ぶポスターにサインをした。講演と握手とサインで一杯になるスケジュールにもグチをこぼさず、アメリカ人との友好のために、坂井は各地を歩き続けた。通算すれば、戦後三〇回近く太平洋を渡っている。

まさに坂井の戦後は、異文化に抱《いだ》かれたものだったといっていい。

海を越えた信頼

坂井の最後を看取《みと》ったのも、実は異文化の友人たちだった。

午後一一時半、厚木基地での坂井の急を知って、病室には長男・襄《のぼる》、そして基地からは二人の男が駆け込んできた。一人は、この夜のパーティーのホストをつとめた西太平洋艦隊航空司令部司令、テリー・L・ウオルストロム大佐。もう一人は厚木基地付の第五空母航空団司令、ダグラス・マクレイン大佐。殊《こと》にコールネーム「ハウンドドッグ」を持ち、海軍軍事大学を首席卒業後、第一二五攻撃隊（ラフレイダーズ）を率いて前人未到の一〇万時間無事故飛行記録を達成したマクレインこそが、坂井の最も会いたかった友人だった。

「今日は大切な友人に会うんだ。楽しみにしていたんだから行ってくるよ」

この日、前夜遅くまで著書の校正をしていた坂井の体調を気づかう妻に対して、坂井はそう語って家を出ている。大切な友人とは、マクレインのことだった。

巣鴨《すがも》の書斎には、戦闘服姿のマクレインの写真が飾られている。それは、坂井が零戦の前で腕組みして微笑《ほほえ》む戦時中のポートレイトを真似《まね》て、マクレインがそっくり同じポーズで撮

った写真だ。世代や国籍こそ違うが、同じ戦闘機乗りとして、二人は道子すら羨《うらや》むほどの信頼関係で結ばれていた。

たとえばマクレインが現れると、部下や同僚の表情が〝ハッ〟と光に打たれたように一変する。それは絶えざる緊迫感に包まれる基地や戦場において、マクレインが来てくれたという安堵《あんど》感と緊張感、そして敬愛の表れだった。

のちにその光景を目の当たりにして、道子は思ったことがある。

――父が現れたときの友人やパイロットたちの表情に似ている。

まさにその友に手を握られながら、坂井は逝《い》った。そのことは道子をして、父であり、自らの英雄でもあった坂井三郎の死を納得させるに十分なことだった。

二〇〇〇年九月二二日午後一一時五〇分、急性心不全《きゅうせいしんふぜん》により、坂井の死亡が確認された。日本の英雄、坂井三郎は、八四歳の生涯を閉じた。

貫いた志

「なぜでしょうか。父のことを招待したい、ぜひお話を伺いたいと言ってくるのはアメリカ

の小学生や中学生、そしてアメリカ軍隊関係者たちが多かったんです。日本の小、中、高等学校からの招きはなかったと思います。自衛隊の方とも親交はありましたが、自宅まで訪ねてくださるのは現場の若い方たちのほうでした」

道子は言う。

春山もまた、同じようなことを語っていた。

「坂井さんが厚木の米軍基地に招かれたとき、併設されている自衛隊からも呼ばれて挨拶にいったことがあります。私も同行したのですが、現場の隊員たちは感激の面持ちで著書にサインを貰ったりしているのに、幹部たちはどこかよそよそしい態度だったことを覚えています」

青山でのお別れ会の日。葬儀所で圧倒的な存在感を示したのはアメリカ軍将校たちとおびただしい数の一般ファンだった。それはまさに権威にすがらず、志を貫き、言論の自由を最大限に謳歌《おうか》した坂井三郎の生涯を象徴するに相応《ふさわ》しい光景だ。

数年前の夏の日のことが思い出される。

——終戦記念日には何か特別なことはなさらないのですか。

私がそう問うと、坂井は毅然として答えた。

「そんな日に何も特別なことをすることはありません。私は毎日自分で作った神棚に向かって亡くなった戦友と私が撃ち落としたパイロットの霊にお祈りをしています。ここにはラバウルの土も祀ってあるんです」

そして鳥居の隣に置かれたインクの切れたボールペンの束を指さして、こうも言うのだった。

「あのペンはね、また今日も書いたぞって戦友たちに報告した証なんです。君たちの言い分を、俺がかわりに書いたぞって」

青山葬儀所に最後に響いたのは、坂井の教え子であり、やはり戦争の現場でともに生きた山中志郎の澄んだ声だった。

「坂井三郎中尉、海軍航空隊を退隊されます。総員見送りの位置につけ。帽振れっ！　帽振れっ！」――。

（こうやま のりお・ノンフィクション作家）

『「日本人」はどこにいる――異文化に生きる武士道のこころ』（二〇〇一年・株式会社メディアファクトリー刊）より

〝坂井教〟の信者となって

菅野寛也

〝コロンブスの卵〟ではないが、先駆者は常人とはかけ離れた理念を持っている。

今でこそ零戦、海軍航空隊の戦記が氾濫しているが、『坂井三郎空戦記録』（出版協同株式会社・昭和二八年刊。執筆開始は昭和二五年と伝えられる）が世に出たときは、「このような本を出版されるとは、なんと勇気のある人だろう」と驚いた。当時、昭和二〇年代は、まだまだ占領下の時代であった（昭和二七年四月二八日、サンフランシスコ講和条約が発効し日本が主権を回復すると同時に連合国との戦争状態が終結）。私の父は当時、静岡県衛生部医務課の医師であったが、入れ歯をすることになったとき、上司から「進駐軍[※1]と接する機会のある者は義歯に金を使用してはいけない」と通達されて金歯を断念した。もちろん、金の入手も困難な時代であったが、父の弟が歯科医なので、その気になれば金歯も可能であったのだが、〝禁止令〟が出ていたので強行しなかった。

そんな時代に堂々と「私はこうして敵機と戦った」と記述されたのは、並大抵のことではない。それから、『坂井三郎空戦記録』がきっかけとなって、続々とたくさんの戦記が刊行された。

それればかりでなく、占領下で、〝昔の日本〟を全面的に否定され自信をなくしていた人たちに〝日本人としての誇りと自信〟を取り戻させてくれた。私もその一人で、〝坂井教〟の熱心な信者となった。

ただ、全くの雲の上の人と思っていた坂井三郎中尉に、あるときひょんなことからお目にかかれることができた。私の友人兄弟がご一緒にゴルフでラウンドし、そのときネームプレートに「坂井三郎」とあり、「もしや?」と話しかけたのがきっかけであった。以来、何回もご自宅へお伺いしたり、ときには書斎に泊めていただいたこともあり、私の主催する静岡空襲の日米合同慰霊祭に参列してくださったりと、とても簡単に記述できない交誼《こうぎ》を賜った。もちろん、サインや、揮毫《きごう》などはいつも快く応じてくださり、しまいには話に夢中になり、肝心のサイン依頼を忘れたまま帰って来たこともあった。

揮毫の中に「一念具象《いちねんぐしょう》」の一文があった。

私は戦時中から、ラバウル海軍航空隊の活躍、奮戦に憧《あこが》れていて、終戦後も、ぜひ彼の聖

った。

地に慰霊に訪れたいと思っていた。その願いは、坂井さんにお会いしてからいっそう強くなった。

そして、ついに、一九八〇年（昭和五五）、聖地ラバウルへ坂井さんのお供をして訪れることになった。静鉄観光の社長さんが海軍出身で、兄上がラバウルの海軍通信隊におられたこともあり、坂井さんの講演会をきっかけに話が進み実現したものだが、まさに、「一念具象」である。

この慰霊旅行に関しては、『戦話・大空のサムライ』に収録されており、私の名前も数か所に記載されているが、何と言っても、このツアーで一週間、坂井中尉と同室させていただいて、その謦咳《けいがい》に接し、ラバウル航空隊の臨場感を肌で感じることができたことは、一生の中で貴重な体験であった。

あえて、その二、三の体験を書かせていただく。

八〇年九月、当時は福岡空港から、ポートモレスビーまで、エア・ニューギニアの直行便が毎週一回フライトしていた。われわれ一四名はソロモン方面戦闘慰霊団として一週間のツアーに出発した。一行の中には、当時五八二空の守屋《もりや》主計中尉、第八艦隊第一通信隊先任下士の高畠《たかはた》兵曹、九三八空（水上機隊）の野口、山田両パイロットなど、ソロモン戦で闘った

人たちがおり、さらに、海軍整備兵曹だった中口武男《なかぐちたけお》氏が加わり、あたかもラバウル海軍航空隊が復活して三八年前の世界に引き戻されたような観があり、坂井さんのアドレナリンがしだいに上昇していった。

初日は、赤道を越えてポートモレスビーへ直行し、そこからラエまで小型双発ジェットのフォッカーF－28に乗り換えてフライトした。現在のラエ飛行場は、米軍の落下傘部隊が降下したナザブ平野にあり、ラバウル海軍航空隊が使用した旧ラエ飛行場は小型機のみが使用している。ここは、女性飛行家のアメリア・イヤハート氏が最後に離陸した飛行場と聞かされた。ホテルは飛行場のすぐ隣であった。

ラエに駐在されていた日本人の方が訪ねてこられ外での食事に招待された。しかし、坂井さんは、「このホテルのシェフが一生懸命食事をこしらえているのだから」とご辞退され、「においがいいから、この食事は旨いよ」と笑っておられたが、本当においしかった。坂井さんとしては、限られたツアーの皆とともに行動したいという心づかいであったようだ。

ラエの飛行場近くの散策では、坂井さんはタイムマシンにでも乗ったように、今は民家になっている建物の前で、「ここに搭乗員宿舎があった」とか、「あの樹は前にもあった」と、熱っぽく説明され、「あの桟橋で、笹井中尉と並んで腰掛けて激励した」と興奮冷めやらぬ

口調で話され、われわれも臨場感に浸ることができた。

ラエの街はずれに連合軍の墓地があったが、日本兵の墓標がないのは大変残念であった。ラエからラバウルへの飛行中、私は機上から南の島の青い海の八ミリムービー撮影にとりかかった。当時の富士《ふじ》フィルム製の八ミリフィルム一巻の撮影時間は三分なので、撮影中は常に残り時間に注意しなければいけない。ところが、坂井さんが「今日は条件がよいから、下の雲に虹が見えるかもしれませんよ。飛行機から見る虹は丸くて、その中に自分の機が映ることがありますよ」と耳打ちしてくれた。すると、そのとおり、断続的に見える雲に、まさに〝丸い虹に私たちの機の影〟が見える。興奮して撮り続けているうちにフィルムの残量が少なくなった。そのとき、坂井さんに「もうすぐ旋回して、ラバウルに進入しますよ」と言われて、大慌《あわ》てでフィルムの交換にとりかかったのであるが、まるで機銃の弾倉を取り換えるような騒ぎだったと、あとで言われた。

坂井さんも手伝ってくださってようやく交換フィルムを装塡したとき、それまで落ち着いていた坂井さんが、「あっ、あれが双子岩だ！」と数オクターブ高い叫び声をあげた。

三八年ぶりの帰還で、感情を抑えきれなかったと推察申し上げる。それ以来、普段「私」と自分のことを話されていた坂井さんの会話が、「俺」という一人称にシフト・チェンジさ

れた。「貴様と俺」の世界に還ってこられたのである。

その夜、ラバウル飛行場の滑走路のエンドで、皆で『ラバウル航空隊』を合唱したが、さすがに感情がたかぶって、涙声でほとんど声が出なかった。

また、有名な南十字星は暗い星で、探すのにひと苦労であった。

ラバウル戦闘機隊の基地であった東飛行場は、ジェット機も離着陸できる国際飛行場となっていた。当時も噴煙を上げていた花吹山《はなぶきやま》は、その後火山活動が活発化になり、一九九四年の大噴火では大変な被害を受けたらしい。

ラバウルの宿舎のトラベロッジホテルは、高畠通信長たちがラバウル占領の際敵前上陸したところに建てられていて、さすがに驚きをかくせなかった。

小休止のあと、飛行場近くの伯母《おば》山の麓《ふもと》といわれるジャングルの中の広場にある慰霊碑の前に参列した。御影石《みかげいし》の慰霊碑があり、「戦没日本人の碑」と刻まれているが、吉田茂元首相の筆だといわれている。日本より持参したお米や酒などを供え、全員で拝礼のあと、坂井さんが〝亡き戦友〟に一心に追悼の言葉を述べられた。弔辞というより、〝語りかけ〟である。全員、感無量であった。

その後に訪れた官邸山の中腹にも、日本政府が大金を投じて建立したという慰霊碑があっ

慰霊団一行は福岡空港を出発しニューギニアのポートモレスビー、ラエを経由してラバウルに到着。慰霊祭を終えて、ブカ島経由でブーゲンビル島のブインを目指した。

昭和55年9月、38年ぶりにラバウルを訪れた坂井三郎氏（左から3人目）と零戦愛好会有志の慰霊団一行。背後の中央の山が妹山で、その右が花吹山である。

ラバウル航空隊が使用した旧ラエ飛行場上空を、ラバウル目指して飛行中の機内からの眺め。彼方にオーエンスタンレー山脈が見える。画面中央を横切る水路はマーカム河。

ラバウルで行なった慰霊祭での記念撮影。旭日旗を持つ坂井氏の前にあるのが「戦没日本人の碑」と刻まれた御影石の慰霊碑。碑文は吉田茂元首相の筆だと言われている。

ラバウル湾を見下ろすココポの高台に壊れた零戦二一型が展示してあった。対岸がラバウル市街だが、平成6年（1994）の大噴火以後はココポがラバウルの新市街となった。

ブーゲンビル島のブインで住民たちと一緒に記念撮影に収まる坂井氏（写真中央）。ブイン基地はガ島攻防戦の前進基地として昭和17年（1942）10月8日に完成している。

たが、このジャングルの中の慰霊碑は、現地のカトリック団体の人たちが清掃、管理してくださっているとのことで、厳粛な雰囲気であった。だからこそ、坂井さんの追悼の語りかけが自然に迸《ほとばし》り出てきたのであろう。

次いで訪れたのは、ブーゲンビル島。ここは、山本五十六長官の戦死された地であり、また、一行中ただ一人の遺族、金田さんのご主人が終戦直前、戦病死された島である。一行は、海岸のブイン基地方面を訪れる組と金田さんの慰霊組の二手に分かれるが、まずは、玄関口ともいえるキエタの飛行場から山の上のトリポイルの飛行場へ行かなければならない。

アイランダー機で飛行中、坂井さんが熱心に地形を眺めているのが気になった。着陸後、そのことをお尋ねしたら、「ところどころ、山頂に小型機なら不時着可能な広場があった。飛行ルートに計画的に作られているのかな?」と話されていた。「撃墜王は、撃墜されたときのこと（不時着）も考えていたのかな?」と感心した。

トリポイルからは、我々は金田さんのご主人が戦病死したマイカの第七六兵站病院へ向かい、坂井さんはブイン浜へ行かれた。

各地で慰霊祭を行なったあと、ラバウルから帰途のフライトで、雲海の中にポツンと黒いオーエンスタンレー山脈が見えた。夢中で撮影している私のムービーカメラのファインダー

に後席の坂井さんが熱心に合掌して祈っている姿が写った。一心に念仏を唱えられていたのである。この空域で撃墜された敵味方の搭乗員の御冥福を祈っておられたのであった。

各地での慰霊祭を終えたあと、坂井さんはしみじみと「戦死した戦友は、みな若くしてあの世に旅立った。彼らの顔は決して忘れない。だが、生き残った俺は歳をとって、みなに会ってもわからないだろうから、俺は坂井三郎の名であの世に行くのだ。戒名はつけない！」と語っておられたが、本当に告別式のときは、「坂井三郎」として旅立って行かれた。それは、決して宗教を蔑《ないがし》ろにしていたわけではなく、熱心に戦友の慰霊に参列された姿こそ、感動的であった。

後年、坂井さんから一九九四年（平成六）一二月一七日付の『THE DAILY YOMIURI』紙のコピーが送られてきた。〝Samurai pilots never killed noncombatants〟と記されている。それは、『坂井三郎空戦記録』に「ジャワ上空で敵の輸送機を取り逃がした」と書かれ、坂井さんからも「輸送機の窓に昔の英語の先生によく似た母娘が見え、ちょっと逡巡しているうちに雲中に逃げられた」と聞かされていたエピソードについての記事である。前月の一一月下旬の外国人記者クラブでの講演会で、「あれは逃げられたのではない。敵輸送機のパイロットに〝逃げなさい〟と指示したのだ。その後の母娘の消息が知りたい」と語ったと記さ

れている。

記事を見て坂井さんに電話したところ、ちょっと照れくさそうに「その通りだ」と言われ、前記のようなわけを話してくださった。

これは、軍紀違反であるが、本当の〝仏心〟であろう。大戦中、何回もの危機に直面しながら、特にガダルカナルより負傷しながら帰還した死闘は、このような坂井さんの慈悲を見られた天空の神仏の御加護であったと思う。

その後、この娘さんは、オランダで看護婦をされていたとお聞きし、「再会の際は、ぜひ立ち会わせてください」とお願いしたのだが、実現の機会はなく、たいへん残念である。

また、大変部下思いであった坂井さんは、ラエの搭乗員宿舎で、「下士官搭乗員の食事の改善を要求し、烹炊所《ほうすいじょ》の冷蔵庫を拳銃で撃ち抜いた」とのエピソードがあるが、「俺は拳銃は下手くそなんだが、あのときはど真ん中に命中したよ」と大笑いされていた（これも、ラエ飛行場の搭乗員宿舎跡での思い出話である）。

一週間の体験でも、まだまだ書き尽くせないことがたくさんあるが、「大空のサムライ」は、紛れもなく花も実もある武士で、坂井三郎抜きで零戦を語ることはできない。井戸の水を飲む人は、井戸を掘った人の苦労を知らない。

零式《れいしき》艦上戦闘機を〝世界の零戦《ゼロせん》〟と知らしめたのは、まさしく、坂井三郎その人である。

（すがの ひろや・菅野病院長公益法人『海原会』理事）

※1＝被占領下に置かれた日本の立場の厳しさを鑑みて、静岡県では進駐軍と接触する可能性がある県庁職員に対して、貴金属類などの贅沢品を所持および身につけることを禁じた。金歯の禁止もその一環であったと言う。

「大空のサムライ」が教えてくれたこと

今井健雄

物語のヒーローに会える

「とげぬき地蔵」で名高い巣鴨の商店街から住宅地に入り、路地を進むと、一軒の家が見えてきます。家の前にバイクを停め、服装を正してから呼び鈴を押すと、柔和な奥様の声が聞こえてきます。玄関から入ってすぐの応接間に上げていただき待つことしばし……「ああ、いらっしゃい！　お元気でしたか！」と、笑顔を浮かべながら坂井さんが入っていらっしゃいます。

毎年夏に、お誕生日を祝わせていただくために御自宅へ伺い、親しくお話をさせていただいたことは、最後にお会いしてから一〇年以上経つ今も、深く心に残っています。

今からもう四〇年ほども前、当時小学生だった私が読んだ本に、ある海軍搭乗員の手記がありました。書店で購入した帰り道から読み始めて、その内容に引き込まれ、危うく最寄り駅を乗り過ごしそうになったことを覚えています。やがて、その本が、ベストセラーである『大空のサムライ』を子供向けに書き直したものと知りましたが、『大空のサムライ』を実際に読んだのは、社会に出てからのことでした。そして、困難に直面して挫《くじ》けそうになったときに、自分を勇気づけるために手に取る本が、『大空のサムライ』になりました。

そんなある日、「坂井三郎」の凄さを我がことのように吹きまくる私に妻が、「そんなに凄い人なら、会いに行けばいいのに」と言いました。なんでも「まだ御存命とは思わなかった」そうで、おまけに「早く会わないと、いつかは会えなくなってしまう」とも。

全くそんなことは考えていませんでしたが、なるほど確かに一理あります。そして、もしお会いできなくてももともとのこと、「鴻池《こうのいけ》のお嬢様も言ってみなければ……」です。

当時の本には、著者紹介に住所から電話番号まで記載されていましたので、御自宅の場所はすぐにわかりました。事前にお電話を……とも思いましたが、なにか、ぶっつけ本番で当たって砕けたほうが、悔いが残らないような気がして、たいへん不躾《ぶしつけ》とは思いましたが、いきなり訪ねていくことにしました（今ならストーカー行為扱いで、警察のご厄介になって

も文句は言えないですね)。

それでも何か口実を設けようと思い、お誕生日近くにお祝いをさせていただこうと、妻が手ずから用意した菓子と、なにか一筆お願いしようと著書を携えて、妻を乗せてバイクにまたがり、巣鴨を目指して走ったときのことは、今でも鮮明に思い出すことができます。

やがて到着した御自宅で、応対に出られた奥様に来意を告げたところ「午前中取材があり、今休んでいるところですが…」とのこと。名刺をお渡しして、それでも御自宅まで訪ねることができたことに満足して帰ろうとしたところ、奥様が「せっかくですから、せめて本だけでもお預かりします」と、手にしていた本をお取りになって、奥に戻って行かれました。

そしてしばらくすると……、何と! 坂井さん御本人が本を手にしてニコニコしながら玄関まで出てこられたではありませんか!

だれでもかまいませんので、あなたが尊敬する物語の中の「ヒーロー」を思い浮かべてください。そのヒーローが現れ「ああ、よく来てくれましたね。ちょっと上がって行きなさい」などと言われたとしたら、その驚きが、まさしくそのときの私のものでした。

気がついたときには、応接間に上げていただき、「血染めのマフラー」や「笹井中尉のベルトのバックル」を見せていただいていました。(「ほら、よく手に取ってごらんなさい」な

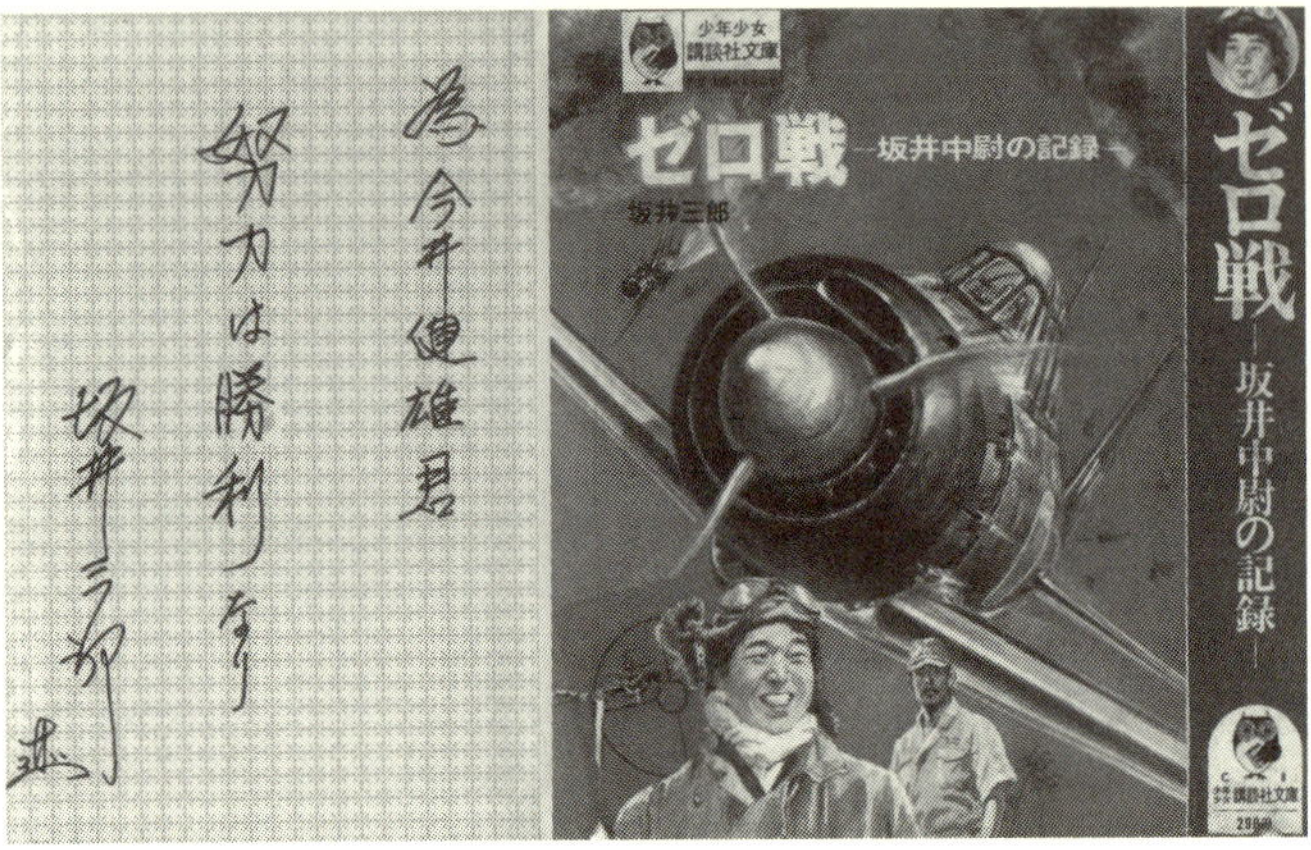

今井健雄氏が少年時代に購入した少年少女講談社文庫の『ゼロ戦　坂井中尉の記録』のカバー(依光隆・画)と見返しに記された著者・坂井三郎氏のサイン。

どとおっしゃっていましたが……とても恐れ多くて、かすかに触れることで精いっぱいでした)

そして、「ほんの一時《ひととき》」のつもりが夕方近くまでお邪魔してしまい、慌てて辞して帰った道は、どこをどう通ったのかも定かではありません。帰宅すると、すでに留守番電話に「またいつでも遊びにいらっしゃい」とのお言葉が残されていました。また、「いただいたオレンジケーキ、家内と取り合いしながらおいしく食べました!」の一言で、私の妻の心も鷲づかみです。

持参した『大空のサムライ』には「不撓不屈」、もう一冊、小学生のときに買った子供向けの本(坂井三郎著『ゼロ戦　坂井中尉の記録』少年少女講談社文庫)には「努力は勝利な

り」の言葉を記していただきました。少年少女講談社文庫の本をご覧になって「ずいぶん昔の本を持ってきましたね」と笑っておられましたが、この本を持っていたからお会いできたのかもしれませんね。

こうして、いったいどこを気に入ってくださったのか、お亡くなりになるまでの一〇年ほどの間、折に触れてお会いして、いろいろなお話を伺うことができるようになったのです。

実際にお会いしていた時間は、正味一〇日にも満たないかもしれませんでしたが、それでも心に残るいろいろなお話を伺うことができました。階段の吹き抜けでの懸垂や、「戦友たちが私に書かせてくれているんです」と、神棚に上げた執筆に使ったペンの束など、いろいろなものも見せていただきました。

そんなある日、先端に針金の〝かぎ〟のついた三～四尺の竹の棒を私に見せながら「これが何だかわかりますか？　これは……、曲者《くせもの》が来たら、（銃剣術の「突き」のように構えながら）エイッ‼　っと……ではなく……」などとおっしゃいます。はて、掛け軸を下げるときの竿《さお》のような……などと思っていたら、何と〝朝起きて、寝たままカーテンを開けるための棒〟だとのこと。何と撃墜王、なかなか横着な……と笑ってしまいましたが、おそらくは、目が覚めてもすぐに起き上がらず、体調を確認するその間にカーテンを開けるための〝装

備〟なのでしょう。その周到さにあらためて驚かされました。

リーダーとして、勝負師として

これは著書にも示されていることですが、戦争を通じて一度も列機を失わなかったことを、戦果以上に誇りに思っているとおっしゃっていました。これは実に大変なことで、仮にも部下を預かる立場の者は、それをいかに成し得たかをよく学ぶべきなのではないでしょうか。

先任搭乗員として多くの部下を率いた坂井さんは、大戦末期、特に厳しく部下を育てたと聞きます。戦後、そのときの搭乗員の方が訪ねてこられたときに「ああ、お礼参りにブン殴りに来やがったか」と覚悟して応対したところ、「お陰で終戦まで生き抜くことができました」と、お礼を言われたとのことです。

おそらくは、厳しくも愛情を持って部下を育てられたのだと思います。そして、誤解を恐れずに言えば、その愛情は、部下に対するものだけではなく、まずは自分に対する愛情……、自分自身を大切にするところから始まり、部下列機を自分の一部として一体に感じることで、一度も列機を失わなかったという大記録につながっているように思えます。

この「自分を大切にする」ということが、自分の価値を最高度に高めるためのたゆまぬ努力を生み出し、どれほどの危機に直面しても、決してあきらめずに生き抜く強い意志を生み出しているのではないでしょうか？

これは決して、戦闘機搭乗員として敵と渡り合うためだけのものではなく、あらゆる人生に普遍的な指針として、私たちの心を打つのだと思います。

私も短い間ですが組織に属して、少ない人数とはいえ部下を預かる立場を経験しましたが、坂井さんから伺った、あるいは『大空のサムライ』で読んだリーダーとしての心がけにはいつも助けられました。

また、「単座戦闘機というものは、ひとたび上空に飛び上がったら、どんなことに遭遇しても、相談する相手は、機内には誰もいない。すべての事柄を、自分で考え、判断し、決断し、処置しなければならない（『続・大空のサムライ』の『「あとがき」に代えて』より）」との言葉も、実はすべての人生に当てはまることで、特に私は、これを意識することで、自分の人生により強い手ごたえを感じることができるようになりました。

きわめて個人的な考え方だとは思いますが「人生のあらゆる局面で、自分で考え、決断し、行動して、その結果のすべての責任を負うことができる」ことを望み、フリーランスとして

歩むことができたような気がしています。

バイクと戦闘機

著書やお話で伺った、空中戦など戦闘の様子からもいろいろなことを学びました。

バイクに乗る人はよくわかるかと思いますが、バイクも旋回時にバンクをするところなど、操縦感覚は自動車より飛行機に近いところがあるような気がします。特に「乗れている」ときには、機械を操縦しているのではなく、機械と一体となったような気がするところなど、戦闘機の操縦に通ずるものがあるのではないかと思っています（「目標に対して一ミリの修正も可能」とまではいきませんが）。

また、「撃つ前に後ろを見る」、「敵機は風防の窓枠、サングラスのフレームの影から忍び寄ってくる」などは、バイクはもちろん、自動車の運転にもそのまま当てはまることではないでしょうか？

「レーンチェンジなどアクションを起こすときには、必ず後ろを見る」などは、教習所でも教えてくれることですが、『大空のサムライ』を読むことで、実感を持って実践できて、私

も命まで救われたことが（恥ずかしながら）何度もあります。そして、その経験を含めて、バイクに乗り始める若い友人に「戦争のこととかに興味がなくてもいいから、バイクに乗る心得としてこれを読め」と『大空のサムライ』を薦めたりしています。薦める人間を選ぶせいもあるのか、たいていの場合、バイクどころか人生の心得として愛読してくれているようです。

できなくともあきらめずに

こうして、ご著書を読ませていただき、話を聞かせていただきながら、ますます「凄い人だ……」との畏敬の念は強くなるばかりです。そうして伺った話の中からこれはと思うこと、あるいは直接勧めていただいた「鍛練法」などを生活に取り入れ、なんとかして少しでも「坂井三郎」のような人生に近づきたいものだと思っていました。

とはいえ凡人の悲しさ、なかなか身につかず、安きに流れてしまうことばかりです。

ある日、そのことをお伝えすると、「私が命がけで身につけた習慣・生き方を、そうそう簡単に実践されたらたまったものではありません」と、笑いながら慰めて（？）くださいま

した。しかし、そのあとを続けて「でも、できなくても、できないなりに努力して、考え続けているだけでも、長い時が過ぎたときに、その結果は雲泥の差になって現れてきます。ですから、決してあきらめてはいけません」とおっしゃっていただいたときは、目の前が一気に明るくなったような気がしました。

『零の会』の一員に

ある日、坂井さんから「米空母に乗るので一緒にどうか」とのお誘いをいただきました。一も二もなくお供させていただき、「坂井三郎と共に米空母に乗る」という信じられないような体験をさせていただきました。艦や艦隊の士官たちと親しげに、しかし堂々と接する様子も見事でしたが、米軍の若いパイロットたちが『SAMURAI!』(『坂井三郎空戦記録』の英語版)』を手に、次々とサインをねだりに来たときのうれしそうな笑顔も忘れられません(サブロウ・サカイが来艦するということがアナウンスされていたのでしょうか?)。

このとき、初めて『零の会』の方々を御紹介いただき、やがて末席に加えていただくことになりました。

以来、『零の会』の一員としても坂井さんと共に過ごし、世を去るときにお送りさせていただいてから、一三年が経とうとしています。

今となっては、もう著書を通じてしか坂井さんに接することはできませんが、それでもつらいとき、苦しいときに、いつも心の支えとなっていただいています。妻も、私が弱音を吐くと「そんなこと坂井さんにも聞かせられるの？」と妙なハッパをかけてきます。

本当に、これまでご一緒させていただいた時間は、私にとっての宝物です。と、思うとともに、これを私だけのものにしておくことも惜しまれると思い、拙い筆で、ほんの一部ではありますが、思い出すままに書き記させていただきました。

もしもこの拙文が、これから坂井三郎を知り、興味を持って著書など読まれる方に対する一つの切り口、手がかり足がかりとなるのであれば、幸いです。

また、『零の会』などいろいろな手段を通じて、「私の知る坂井三郎」をお伝えすることも、直接お会いしたことのある者の務めとして、機会を頂けることがあれば、ぜひ続けていきたいと思っています。

（いまい　たけお／『零の会』会員）

カメラマンが見た坂井三郎

今津勝幸

撃墜王坂井三郎を知ったのは、小学校の四年か五年生の頃だったと思います。私は昭和二〇年の一月生まれで、父は陸軍の重爆撃機のパイロットでした。父は私の生まれる一か月前にフィリピンのセブ島で戦死いたしました。父の顔は写真でしか知りません。機体を操縦している写真や、プロペラの前で笑っている写真です。子供心にも「カッコいいなー」と思っておりました。あるとき、母が遺品である飛行帽とゴーグルを出して見せてくれました。その頃から空への憧れが私の中に広がっていきました。

当時、たしか三〇円だったと思いますが、『今日の話題』という戦記雑誌に、坂井三郎という方の記事があり、「落としたり六四機」というタイトルが目に入り、「すごい人がいるなー」と買って読んだことをいまだに覚えています。

昭和三〇年代初期の日本は、まだ戦後を引きずっていた時代です。そんなとき、あのアメ

リカと戦って、空中戦を生き抜いた撃墜王がいたなんて、私にとってヒーローでした。なにしろ、私の家は横須賀米軍基地の目の前で、街は横文字ばかり。表を歩けば、ジャズと米兵ばかりでしたから、そんなヒーローがいたなんて驚きました。友達に「坂井三郎って日本の撃墜王、知ってるか?」と、言い回ったものです。

中学生になった頃、雑誌『丸』が大判になって、零戦特集号が発売され、なんとも美しい零戦二二型の写真が表紙を飾っていました。もちろん、坂井三郎氏も記事に載っていて、『大空のサムライ』を読んだのは、もっとずーっとあとのことですが、その『丸』に載った零戦のすばらしさ、性能、アメリカやイギリス、ドイツと比べても何ら劣るところがなく優れている、その零戦を坂井三郎氏が操縦し、敵の上空ポートモレスビーで三回も宙返りをしたなんて、中世の騎士道、いいえ日本武士道の真骨頂のようで「カッコいいなー」と思いました。

一九四二年(昭和一七)にジャワ島上空で、大型旅客機DC-4を撃ち落とそうとしたとき、窓に母と娘と思われる乗客を見て、そのまま基地に帰投し、上官に「雲中にて見失う」と報告したといいます。また、自分の僚機を一機たりとも戦死させなかったことも、人間として立派な人ではないでしょうか。まさに武士道そのままの生き方だと思います。

自宅の応接間でインタビューに答えるかつての坂井三郎氏。一つ一つの質問に対して常にむだのない言葉がずばっと返ってくる。やさしい目と笑顔が印象的だった。

あるとき、宮本武蔵の『五輪書』を読む機会がありました。侍としての心構えが書かれています。坂井三郎氏はよく懸垂をして体を鍛えていたそうですが、『五輪書』空の巻でも、「武道は鍛錬しなければ絶対にわからない。鍛錬によって、体は相手の動きに自分の体も自由に合わせることができる」と言っています。坂井三郎氏も零戦を熟知し、自分の体のようにスピナーは頭の先、両翼端は両手の先、と機体を思うがままに操ることができたと話していました。『五輪書』のどの巻を見ても、坂井三郎氏の生き方は宮本武蔵の精神と同じような気がします。例えば、坂井氏にお会いしたとき、こちらの質問に対しても、ずばっと返ってきます。むだがありません。

武蔵は『五輪書』の中で、
一、実直な正しい道を思うこと
二、鍛錬すること
三、様々な芸に触れること
四、様々な職能を知ること
五、物事の損得を知ること
六、様々なことを見分ける力を養うこと
七、目に見えない所を悟ること
八、ちょっとしたことにも気をつけること
九、役に立たないことはしないこと
このようなことを心がけて、兵法の道を鍛錬すべきである、と言っています。このどれをとっても、いや、すべてが坂井三郎の生き方そのものだと思うのです。今でも『五輪書』は、目標をもって進む人々のバイブルです。私の職業はカメラマンですが、坂井三郎氏との出会いは、まさに精神面で大きな収穫であり、勉強になりました。

実は、私は坂井三郎氏をあまり知りません。直接お会いしたのは二度ほどでしょう。その

ときの目が印象的でした。あの撃墜王で、最後まで生き続けた「坂井三郎」というより、「坂井さん」、というようなやさしい目でした。あえて「坂井さん」でした。でも昔はもっとするどい目をしておられたのでしょう。

坂井三郎氏とお会いしたきっかけは、私の会社がある東京の神田神保町で、たまたま入った寿司屋でした。店の奥の部屋に私の好きな零戦のプラモデルが飾ってあるので、珍しい寿司屋だなと思って、「大将、飛行機好きなの」と聞くと、「坂井三郎知ってる? うちによく来るんですよ!」、「えーっ、あの坂井三郎氏が……」。それ以来ずーっと、その「すし庄」に通いました。そんなことが縁で念願の坂井三郎氏にお会いすることができました。

その後、坂井氏のお宅で飛行帽と血のついたマフラーを拝見したとき、父の飛行帽を思い出しました。父も坂井三郎氏も同じくらいの年頃です。父は陸軍少年飛行兵一期生でした。あの時代に同じように空を飛んでいたのかと思うと、一度も会ったことのない父ですが、なぜか坂井三郎氏と重なってしまいました。

坂井三郎氏がお亡くなりになって一三年になります。あの時代に生き抜き、そして死んでいった方々、すべてに合掌。

（いまづ かつゆき・『零の会』会員）

坂井三郎先生との出会い

津田　隆

一九九六年（昭和五一）の四月頃だったと記憶していますが、集英社の鬼木真人《おにきまさと》さんが店にいらっしゃるなり、「おい、隆。今日、サカイサブロウさんに会って来たよ」と一言お洩《も》らしになった。即座に私が「サカイさんって、あの撃墜王の坂井三郎さんのこと？」と聞き返すと、そうだとの答え。「あ、すげえ。俺も会いてぇなぁ」と反射的に鬼木さんに言ったことを思い出します。

「サカイ」と聴いてなぜすぐに坂井三郎さんのことだと思ったかというと、私らと同じ年輩の方々にはおわかりでしょうが、私が小学校四年生の頃、『少年マガジン』に『紫電改のタカ』という、ちばてつやさんの漫画が連載されており、そのなかに元日本海軍のエースパイロット・坂井三郎さんのお話が何度も出てきました。その歴戦のエピソードは子供心に「なんてカッコいい人だろう」という強烈な印象を与え、その名は何十年たっても片時も忘れる

ことがなかったからです。

久しぶりにその名を聞いたものですから、もう、いても立ってもいられなくなり、鬼木さんや雑誌『丸』編集部の菊池征男《きくちまさお》さんに無理をお願いして先方に連絡を取っていただき、その年の七月頃、ついに憧れの坂井三郎さん（以降は、先生と呼ばせていただきます）にご来店いただきました。

ところがその日にならないとわからないのが客商売の常と申しますか、当日はにわかに忙しくなり、結局、先生とはお話が全くできませんでした。板場から座敷をちらちら覗き見るくらいで、まったくもって不完全燃焼もいいとこでした。そこで後日鬼木さんに、もう一回会わせてくれませんか、と頼み込んだのです。

「先生もお忙しい人だから、また来ていただくには名目がいるなあ」

鬼木さんはしばらく考えてから、

「そうだ隆、（ダミーでもいいから）先生のファンクラブを作りました、という形にしてお声をかけてみようか」

さすが、大出版社の敏腕編集者。考えることが私らとは違う。私は思わず膝を叩きました。

それじゃまず会の名前を決めようや、ということになり、鬼木さんが、零（れい）式戦闘

機だから、『零（れい）の会』というのはどうだ、と言う。ところが、私は高いところとお化けが大嫌い。〝霊の会〟と間違われたらいやだと申しましたら、

「じゃ、『零（ゼロ）の会』でどうだ」

ということになり、決定しました。

会長には菊池さんになってもらい、先生をお招きして、第一回の会合を当店で開催しました。これでようやく念願がかない、先生にゆっくりお話を伺うことができました。一九九六年の一〇月頃のことだったと思います。

その後、『零の会』はダミーを脱して本物（？）になり、毎年九月の第二土曜日にファンの方々や、先生のご長男である坂井襄《のぼる》さんにも来ていただいて今日に至っております。

さて、それからというものお調子者の私は、月に一回、先生のご自宅にお鮨をお届けし、先生と奥様にいろいろなお話をお聞きし、かつ多くのことを教わりました。ここでは三つだけ記します。
一、隆、よく聞いておけ！　仕事をしていれば辛いことやトラブルを抱えて悩むこともあるだろうが、明日は生きられるだろ？　ご飯も食べられるしお酒も飲めるだろ？　私たちはな、戦地で仲間が朝一緒に飯食って出撃する。ところが昼にはだれかがいない。昼食は人数

分用意してあるんだよ。朝一緒にいた仲間が昼にはいない。今度は、朝昼一緒に食べた仲間が夕食にはいないのだ。それと比べればお前の苦労なんか大したことはないんだよ。

こう言われたのは、多分仕事上のグチを先生に聞いてもらっていたときのことだと思います。しかしこの言葉を聞いてハッと気がつき、それからというものはどんなトラブルに巻き込まれても、開き直って、次の行動に移れるようになった気がします。

二、隆、それを人の縁というが、私は「縁」ではなく「円」だと思う。右回転、左回転でもよい。自分がぐるぐる回っていればそのなかに巻き込まれるようにして人が入ってくる。しっかり回っていれば、たとえおかしな人間が入って来ても弾き飛ばされるように去っていくから、そんな人はほっときなさい。それとね、借りた本と借りた薬は身につかない。

「店をやっていると、不思議なくらい人と人が結びついたり、奇跡のようなめぐり合わせがあったりということがよくあります。先生とのご縁も店をやっていたおかげでできました。しかし、中には変わった人間もいる。例えば本を貸しても返してくれない、返してくれとはなかなか言いづらいですし、頭にきます」というような呟《つぶや》きともグチともつかない話を聞いていただいていたときに先生がおっしゃった言葉です。

三、隆、カラ元気も元気のうちだから、そのまま生きていけ！

いつの頃でしたか、店が不景気で暇なとき、めずらしく先生から電話が入り、のっけから「お前はいつも元気だな」と言われたので、「先生、元気ではありません。ただのカラ元気ですよ」と答えたときにそんな言葉をいただきました。

その電話の続きはこうです。

「ところで、隆。今日アメリカから帰ってきたんだけど、今度の土曜日にうちにこないか」

「はぁ」

「実はな、隆。アメリカで電気バリカンを買ってきたんだ。そこでだ、ひとつお前の頭を俺が刈ってやろう」

私たち鮨屋の人間は頭の毛の短い者が多いのですが、簡単そうに見えてこれはこれで刈り方がけっこうむずかしいのです。素人の先生の腕じゃちょっといやだなぁ、と思い、

「先生、もしお断わりしたらどうなりますかね」

と、恐る恐る聞いてみました。

「出入り禁止、だな」

あっさりとそう言われては是非もなし。しぶしぶご自宅にお伺いすると、すでに応接間に白いシーツが敷かれて椅子もセットされています。さらに床屋さんが使う、首の部分に紐が

『零の会』メンバーが、坂井先生（前列中央の黒いスーツ姿）を囲んでの記念写真。前列左から２人目が長男の襄さん、５人目が『零の会』の会長。

ついている例の前掛けの大きなやつ、それまでありました。先生の手作りらしいのです。「さあ、座れ」と促され散髪が始まります。

「先生！　失敗しないで下さいね。お願いです」

眼を瞑《つむ》って懇願すると、私の頭をポンと叩き、

「俺は戦地で本田（敏秋《としあき》＝兵曹長）や列機の連中の頭をよく刈ってやった。あいつらは痛い痛いと言いながらも我慢していた。なのに、お前は、上官に注文をつけるのか」と怒るのです。

なんとか終わってホッとしていると、

「隆、今度は俺の頭を刈れ」

いきなり命令が下りました。実は私は独立する前に日本橋で修業中、バリカンを使って後輩の頭を店の屋上で刈ってやっていましたので、

多少は腕に覚えはありました。ただ先生の髪は薄いので、ハサミで慎重にチョキチョキやらなきゃなりません。慣れない手つきでやっていたら襟首の右後方を刈り込みすぎてしまいました。「しまった！」と思いましたが、いかな天下の撃墜王でも後ろまで目はついていまいと黙っていました。

散髪が終わると、風呂に入れと言われ、遠慮せずに先生より先に頂戴しました。風呂の中で、「世界広しといえども天下の坂井三郎に風呂の用意をさせたのは俺だけか」とひとり悦に入っていたものでした。

先生をよく知る方々はしばしば「自分が一番可愛がられている」と錯覚を起こします。全くの誤解なのですがそこが先生の凄さであり一番の魅力でしょう。

だから、ついつい調子に乗りすぎてしまうこともあるのです。

厚木基地での米国海軍主催のゴルフ大会、西太平洋艦隊航空司令部のクリスマスパーティーなどに先生のお供として連れていってもらったのですが、そこで紹介していただいた司令官や将官クラスの方々とも自然に仲良くなりました。

あるとき、上層部の方々が先生のご自宅を表敬訪問した帰り道、大挙して私のお店に乗り込み、大パーティーを開いてくださったことがあります。私は元来のお調子者であまり人見

知りをしない性格ですので、司令官の方々から可愛がられ、今度基地に来て部下たちに鮨を食べさせてくれないか、と頼まれました。そんなことくらいならと、先生に報告しないまま二つ返事で引き受け、基地に出向き鮨を握りました。このことがあとで知れて先生の逆鱗《げきりん》に触れました。このときのことはまだよく覚えています。ご自宅に呼びつけられてこう言われました。

「隆、よく聞け！　二番機が一番機を越えて勝手に行動すると撃墜されるぞ！」

怖かったです。

それから、半年間は出入り禁止です。ただ先生はその日のうちに菊池会長に電話をして、津田は調子に乗りすぎているので、一発注意しておいたから、菊池さんからあとでさりげなくフォローしておいてくれないかと言ってくれたそうでした。菊池会長はしばらく放っておくくらいが津田にとって薬になると、半年以上この電話のことは触れずじまいでした。

先生に怒られた私は、日ごろのおしゃべりもどこへやら、ショックで三日間くらい家でしょぼんとしていましたので、さすがに女房から何かあったのかと聞かれ、かくかくしかじかで先生に怒られたと白状したところ、「あなたは、坂井先生が一番可愛がっていた二番機の本田敏秋さんじゃなくて、ただ似ているだけのそっくりさんなのよ。本人じゃないんだか

ら」といわれ、それもそうだなと思い、複雑な気持ちを抱えてひたすらじっとしていました。

ところが、半年くらい過ぎた頃、突然、米国海軍西太平洋艦隊航空司令部の司令テリー・L・ウォルストロム大佐と坂井先生がお店に来られました。

「おう、隆。俺にはまだ足がついてるぞ！」

幽霊じゃないよ、と言いたかったのでしょうが、半年ぶりに会う先生が一回り小さくなったような気がしたのを覚えています。しばらくして座敷に呼ばれました。「隆、いいか、俺は身内にほど厳しいんだぞ」

と言われ、出入り禁止が解けました。

周りにいた人たちは、津田さんよかったね。身内ほど厳しいってさ、身内だよ、うらやましいよ。そう言って喜んでくれました。本当は涙が出るくらい嬉しかったのに、その場はなんやかやとごまかしていましたが、これが先生に教えられた一番大きなことでした。「隆、よく聞け！　二番機が一番機を越えて勝手に行動すると撃墜されるぞ！」

二〇〇〇年九月二三日の朝。

自宅の電話が鳴りました。田中ショウリさんからでした。

「坂井先生がお亡くなりになったよ」

その日、午後、坂井家が密葬の準備で忙しいなか、山中志郎さん（紫電改搭乗員＝元上飛曹・故人）から電話があり、私が通夜の受付けをするようにとの命令を受け、「はい」と引き受けました。これより少し前に女房が「あなたは坂井先生に可愛がっていただいたのだから、着替えを持って一晩中坂井先生のおそばについていてあげてください」と言われていましたので、山中さんの命令はまさに渡りに舟でした。坂井先生の数多《あまた》のファンのなかでただ一人、朝までおそばにいられるのです。こんな光栄なことがありましょうか。

ただ、先生は不撓不屈《ふとうふくつ》の方ですから、まさか生き返ってきて、「隆、なんでお前がこんなところにいるんだ。もっと立派な人間がついていると思ったよ」と言うのではないかと期待半分で、朝まで先生の顔を何回も何回も覗《のぞ》き込んでいました。

（つだ たかし・寿司店主／『零の会』会員）

わが人生の師

世良光弘

坂井三郎――元零戦撃墜王。戦前、戦中、そして戦後半世紀以上の波瀾の人生を生き抜き、戦い抜いた歴戦の英雄である。大小六四機撃墜するも一度も敗れたことがない。さらに特筆すべきは列機を一度も死なせていない。その宮本武蔵のような坂井先生にお会いしたのは、九〇年代の初頭であった。

当時、私は出版社の週刊誌編集部に勤務し、世界中の紛争地帯を回っていた。八〇年代の半ばから、フィリピン革命や天安門事件をはじめ、さらにはカンボジアや中東やアフリカまで取材に行き、怖いもの知らずの三〇代であった。だが、だんだん戦場の緊張感、さらには仲間の不慮の事故死などで、言いようもない徒労感、運命のむごさなどを感じていた。

最初にお会いしたときに「運命とは自らの命を運ぶと書く。スクープも大事だろうが、命がなくなったら次の戦いに参加できる権利も失う。勝利も大事だが、引き分けでもよしとす

べし。負けるということは真剣勝負において次がないことを知るべし」と教わった。「生き抜くこと」さえできなければ、〝勝利〟など願うべきものではないということだ。

まさに戦闘機乗りによる〝勝負師の鉄則〟であった。

「飛行機乗りに待ったなし」。一度、地上を離れると空中でいかなる事態が起きても全責任は己にあるという覚悟が必要となる。つまり起きるべきトラブルや、起こるはずのないトラブルが起きたとき、最短時間で最良の処置をして、最小の被害に食い止める。〝想定外〟とか、そんな呑気《のんき》な言葉はあてはまらない。飛行機乗りの失敗は、即、死を意味し、全責任は己で取らなければならないという冷徹な教えである。

そのような緊張感の上に、さらに命を賭けた敵との戦いという重圧がのしかかる。その重圧にも負けず、自分で判断する力を日頃から鍛え上げ、常に己を切磋琢磨《せっさたくま》し、敵に勝利する。このように一般の人からは想像もできない別次元の世界を生き抜いてこそ、はじめてエースパイロットとなることができるのだ。

その瞬間から私は坂井先生を〝人生の師〟として仰ぐようになり、いつしか「先生」と呼んでいた。もちろん先生が体験された修羅場と、私の体験など比較すること自体がおこがましい。だが、先生と出会わなければ、私は間違いなくどこかの戦場で徒死《とし》し、散っていた

「運命」のように思える。「運命」とは自分で切磋琢磨して努力して切り開かなければならない。何気ない日常生活においても氏の言う「努力は力なり」の教えはいかに大切であることか。私はうれしいことがあったとき、つらいことがあったとき、いつも巣鴨のご自宅にお邪魔し、さまざまなことを教わった。

先生との会話はいつも盛り上がり、私が「必殺技の左ひねり込みとはどんな技だったのですか?」と空戦の話を伺うと、ソファの上に立って、模型を持って再現していただいたりして、大変、興味深いものであった。

「必殺技と言えども、私はこの技を実戦では用いていない」

「なぜなんでしょう?」

「戦闘機同士の戦いにおいて、格闘戦をやるのは二流のパイロットがやることだ。そして、格闘戦の際、必殺技を繰り出さなければならないこと自体が、ピンチに陥ったとき。そういう状況になる前に勝負はつけるべし」

このように時間が経つのを忘れ、話し込んで夜分遅くになってしまうのが常であった。また海外より私が無事に帰国できたときは、坂井先生が自らつくる海軍式すき焼きを振る舞っていただいたこともある。

「こうしてキャラメルを混ぜると肉の旨味が出るのだ。知らなかっただろう。しっかり食べて元気を養いなさい」と気をつかっていただいたことは今も忘れることができない。

ある時期から坂井先生から、「お前を平成の二番機にしてやる」というありがたい言葉までいただいた。「わかりました。先生のそばから離れません」というとニッコリ笑みを浮かべてくれた。

当時、私の友人であった航空自衛隊のF－15イーグル戦闘機のパイロットたちもご自宅に押しかけて大いに盛り上がったものである。彼らもまた国防の最前線で〝アラート勤務〟で、スクランブル発進をする任務についていた。

そんな彼らにとって坂井先生は〝大空の大先輩〟であり、尊敬の的であった。ときには民間旅客機のパイロットも「是非、お会いしたい」ということでお連れしたこともある。

だが、坂井先生が多くの人を魅了したのは、単なるエースパイロットだったということだけでない。戦後、『坂井三郎空戦記録』という著作の中にも書かれている「どんな状況になっても決してめげることなく、己の力を最大限生かしてさらなる高みを目指す」という生き方である。この著作が戦争で戦った英米をはじめ海外で高い評価を得て、ベストセラーになったのは言うまでもない。

全世界で反響を呼んだことは坂井先生が生涯、座右の銘とした「不撓不屈《ふとうふくつ》」という言葉とともに、先生が優れた人格者であったことであることを証明している。まさに〝人生の求道者〟とでも言うべきだろうか。

私だけが先生を独占するのはもったいないとして、週刊誌で『大空に訊《き》け！　坂井三郎の人生相談』というコーナーで全国からさまざまな質問や悩みを受け付けた。すると全国から質問が殺到し、毎週三つぐらいしか誌上でお答えできずに、掲載されなかったものも含めて、後に単行本にしたほどである。

戦争や外交のこと以外にも、恋愛や進学や就職、人間関係など、さまざまな多岐にわたる悩みを一刀両断、その場ですらすらと口頭で解決法を伝授する姿には、感動すら覚えたものである。

坂井先生はこう述べていた。

「私たちが戦前に体験した封建主義、国家主義を生き抜いてきた当時の青年も、自由主義、順風満帆で一見のびのびと育っておられる現代の若者たちも、人間、また日本人としての本質はあまり変わっていないようだ。人間の心の奥底は、そう簡単に変わるものではない。

よく私たち年配の戦前育ちの年寄りが口を開くと『近頃の若い者はなっとらん』と言うが、

その年寄りたちも若い時代に『今の若い者は……』と怒られ、育ったのだから永遠にそれは続くだろう。人間はそうやってだんだん進歩して育っていくのだ。

ですから今の若い人たちも自信を持って欲しい。そしてこれからの人生、突風、雷雨、暴風など、さまざまな困難が待ち受けているだろうが、是非とも己を信じ、自信を持って切り抜けて欲しい。己に勝っていただきたい」

このように先生は撃墜王として奢《おご》ることは決してなく、いつも前向きでやさしく、人生の困難に立ち向かう勇気やさまざまな助言を残された。まさに師と仰ぐにふさわしい人柄であったことは言うまでもない。

また精神的にも肉体的にもとうてい八〇歳を越えたご老人とは思えないほど、エネルギッシュで活発であった。そして私を実の息子のように可愛がってくれた。いつものごとく突然、電話が鳴る。

「米第七艦隊の司令官より空母キティホークに招かれたので、一緒に乗りに行こうではないか」

一九九九年一一月一二日、前日から横須賀に一泊し、早朝より出港する。空母の甲板の上では晩秋の風の中、太平洋上で艦上戦闘機のF－14トムキャットやF／A－18ホーネットが

厚木基地より飛来しては轟音とともに離着艦する。その光景を坂井先生と見ていた。

「私がもし、真珠湾攻撃やさらにミッドウェー海戦に行っていたら、どうだったのだろう？空母に着艦するのは、訓練で習熟していたし、自信があったので選ばれてもおかしくはなかった。運命とはわからないものだ」と感慨深げに笑っていた。

もし、坂井先生が台南航空隊で開戦と同時にフィリピンのクラーク基地攻撃から始まって、ラバウル方面に進出していなければ、先生のエース列伝への道は違ったものになっていたのかもしれない。いや、先生のことだ。ミッドウェーで空母が沈められても、しっかり生き残って、結局は同じ日米決戦の〝天王山〟であるガダルカナル島の攻防に投入されていただろう。

私は「零戦の操縦に限ったマニュアル本を作れないでしょうか」と尋ねてみた。

答えはシンプルなものであった。

「いいとも。喜んで答えましょう。面白い本になりそうだ」

と、坂井先生はその場で快諾されたのであった。

それから先生の多忙を極める日々——講演会やテレビ出演などの間を縫って、またもや巣鴨の御自宅に通うことになった。

私が執筆するためにお会いしたのは翌年の春から九月初旬まで合計一〇数回ほどだったが、

逆に私を励ましてくれたこともあった。驚くべきことは、戦後、五〇年以上が経ってもなお戦時中の何月何日何時にどこでどのようなことがあったかをメモも見ず、何度も正確に語っておられたことだ。いかに太平洋戦争が過酷なものであったことかが伺える。

その年の夏は暑く、きびしいものだったが、インタビューの合間に、

「蟬《せみ》が大合唱しているな。もう、そろそろラバウルの仲間たちのところに行かなくちゃな。みんなが待っているから……」

と、サラリと言うこともあった。夏好きの先生にしては、弱気な発言であったが、いつもの先生の冗談だろうと聞き流していた。

またある日は、マイクロソフト社の技術者が、『コンバット・フライト・シミュレーター2』のために、実際に大空のエースとしての坂井先生とお会いして、実際の空戦がどのようなものだったかを伺いにわざわざアメリカのシアトルから来たこともあった。

同社は、アメリカ側のエースのジョー・フォース氏やデビット・マッキャンベル氏からも同じくしてお話を伺ったという。

そして、そのデモンストレーション版が二〇〇〇年の九月中旬にでき上がり、それを先生に実際に操縦してもらうまでになっていた。先生もそれを非常に楽しみにしており、また一

一月にはアメリカ側のエースたちとワシントンＤＣで再会するのを待ち望んでいた。ところが、である。

先生はそれを待たずして突然、九月二二日午後一一時五〇分、他界された。享年八四。厚木の米軍基地で西太平洋艦隊航空司令部創設五〇周年パーティーが終わる頃、「ちょっと立ちくらみがする」と言って、横になられた。

そして基地で休まれたあとに、念のため近くの綾瀬市にある病院に救急車で運ばれ、検査を受けている最中に亡くなったのだ。

午後一〇時頃、ふだんのようにしゃべっていた先生は「もう眠ってもよいか」と尋ねられたそうである。それが最後の言葉となってしまった。

翌日、巣鴨のご自宅に運ばれた先生の亡きがらに接したときは、「私を脅かそうと、冗談をやっているに違いない」（先生は実際、このようないたずらが好きであった）と思われるほど、すやすやとお休みになっている感じであった。そんなわけでその日は、自分にとって先生が亡くなったという事実の実感がまるでわかなかった。

ただその夜は土砂降りの夜であったが、帰宅してはじめて実感がわいてきて、自室にこもってひとりで大泣きに泣いた。

玄関に出ると大雨の中を、季節でもないのに一匹のホタルがどこからともなく飛んで来た。まるで先生の操る一機の零戦が、フィリピン攻撃のあと、土砂降りの暴風雨の中を台湾まで燃料ぎりぎりで飛んで戻って来たエピソードのような気がして、先生はホタルになられてしまったのか、とさらに号泣してしまった。

※

あの頃、坂井先生とともに過ごした約一〇年間のことは、時が経過しても決して忘れることはない。私は先生が逝去されたあとに約束した『坂井三郎の零戦操縦』（並木書房）を完成させたが、まだまだ人生において教えてもらうことが数多く残っていたような気がする。特に今でも報道の現場に行くと、立ち尽くしてしまうような局面にも遭遇してしまう。

そんなとき「二番機はどのように飛べばいいのですか？　ちゃんと誘導をお願いします」と、大空を見上げながら、一番機であった坂井先生のことを思い出す。そして自問自答しながらも一歩ずつでも前に進むよう「不撓不屈」の精神を思い浮かべるのである。

あらためて人生の師であった坂井三郎先生の偉大さを忘れずに、日々、自らの「運命」を切り開かなければならないと思っている。

（せら みつひろ・ジャーナリスト／『零の会』会員）

人はどう生きるか教わった

田中ショウリ

昭和一七年八月七日。この日は坂井さんにとって生涯忘れることのできない最悪の日となった。ガダルカナル島上空で敵八機編隊を発見、後方から忍びよってよく見ると、なんと後部に旋回機銃座がある艦上爆撃機ＳＢＤドーントレスだった。「しまった、もう遅い」。そのうちの二機を撃墜したが、と同時にその編隊の攻撃を受け、命中弾を浴びた。右上頭蓋骨は砕かれて右目は鮮血がべっとりついていた。その状態でありながらラバウル基地をめざした。四時間半以上の時間を費して、夕闇せまるラバウル基地に帰還した。そのとき、燃料は空《から》の状態であった。

この現実を想像しただけでも、凄いパイロットと思います。私がこの「大空のサムライ」と言われる坂井さんと知り合ってから聞いた話があります。当然戦後のことですが、アメリカ海軍退役海軍将校の招待でアメリカを訪れた坂井さんは、ガダルカナル島上空で坂井機に

命中弾を与えたＳＢＤドーントレス八機の搭乗員のうちの一人であるハロルド・ジョーンズ氏からこう言われたそうです。

「ガ島上空の空戦では大変申し訳ないことをした。今となっては零戦をあなたに返すことはできないが、破けた飛行帽ぐらいはなんとか弁償させて欲しい。しかし、今どき、あのような飛行帽はアメリカでは売っていないので、そのかわりと言っては失礼だが、新品のカウボーイ・ハットを進呈したい」

これに対して坂井さんが「だったら許してあげる」と言うと会場は大笑いとなったそうです。アメリカのオールド・パイロットたちの心意気がわかるような気がしました。日本で昔から言われている〝昨日《きのう》の敵は今日の友〟と言う言葉がピッタリとくる状況です。

さて、話は変わりますが、ガ島上空戦で被弾したことにより坂井さんの右目はほとんど見えません。それなのに大好きな自動車の運転ではこんなことがあったと聞きました。富士山方面へドライブを楽しんでいたところ、ある大きなカーブにさしかかったとき、自動車が横転したそうです。坂井さんはすぐにドアを開けて外へ飛び出しました。どこにも異状はなく平然としていたそうですが、ふとポケットに手を入れると、なんと自動車のキーが入っていたと言うのです。無意識で愛車のキーを抜いていたのですね。もし、キーを抜かずにそのま

まにしておくと自動車は爆発炎上し、大きな事故につながる恐れがあるのです。このことは零戦でも同じことが言えるのですね。

この横転事故の処理のことはその後、『週刊現代』に「撃墜王サカイは、地上でも生還した」と言った内容の記事で掲載されたこともありました。

また、ゴルフの腕前はシングルで、プロゴルファーも驚くほどでした。しかも驚くことにホールインワンを四回も記録しています。そのうちの一個のボールは、私の宝物として私の家に飾ってあります。もちろんボールには坂井さんのサイン入りです。

私のゴルフ歴。坂井さんにゴルフを教わりました。すべて坂井流です。「いいかショウリ、ゴルフはまず格好から入れ、プロ並みのゴルフスウィングをやっていると、その日のスコアが悪くてもよそから見ているゴルファーは、〝あの人、あれほど本格的スウィングしているのに、今日は調子が悪いんだな〟と思うもんだよ」と言っていました。

そんなわけで、私のゴルフ・デビューはゴルフ練習場にある小さなコースで、九ホールのショートコースでした。いよいよはじめてのゴルフのスタート。坂井さんが真剣な眼差しで見ているので、もう足はガクガクで震えが止まりません。頭の中は真っ白でした。一番ホール、パターを持ってあちこち走り回る私の姿を見ていた坂井さんが、私が一〇打目をたたい

田中ショウリ氏のプラモデルと特撮による最新作。テーマは言わずとしれた、坂井一飛曹、西澤一飛曹、太田二飛曹によるセブンマイルズ飛行場上空での編隊宙返り。

た頃、「ショウリ、好きにやっていろ。私はコーヒーを飲んでくる」と言ってその場をはずされました。あまりのヘタさに坂井さんがあきれてしまったのです。なにしろこの一番ホールではパー4なのに一八打をたたいてしまったのです。その後も私の調子はよくありませんでした。グリーン上でオロオロする私の姿を見て、坂井さんは腹がよじれるほど笑いころげ、こんなに笑ったのは生まれて初めてだと言っていました。

また、ある日、坂井さんの紹介で、戦友の田中国義《くによし》さん（元零戦パイロットで、敵機一七機を撃墜した記録を持つ）とゴルフをさせてもらいました。かつての撃墜王二人と一緒にゴルフができたことは私にとって最高の感激で、今でも忘れることはありません。

話はまた飛びますが、坂井さんの特技のひとつに料理がありました。特に海軍式カレーライスは旨かった。裏ワザと言うか、隠し味としてカレールウにチョコレートを入れるんだそうです。それからすき焼き。これがまた最高です。水は一滴も入れません。まず、牛肉をすき焼き鍋に入れ、焦げるまで混ぜ、その中にキャラメル一個をトッピングし、白菜、しらたき、春菊、しいたけなどを入れるとあとは通常通りの作り方なんです。その手さばきのよさを見て、零戦の操縦もこんな感じで〝料理〟していたのかな、と思いました。このとき、坂井さんはなにをやらせても一流の人なんだなと思いました。

また、あるとき、私がいつも模型作り（編集部注・田中ショウリ氏の模型作りは外国にも知れ渡るほど有名で、アメリカのニュースTVのCNNが、彼の作品とそれを撮影するテクニックを取材し、アメリカで放映された）に専念していることを知っている坂井さんは「ショウリ、模型作りは肩がこるだろう」と言って、ゴルフ・ボールを利用した肩たたきを作ってくれたり、作業用の前掛けを作ってくれたり、してくれました。もちろんサイン入りです。そのほかにも、木彫の皿を記念に作ってくれました。そんな心のやさしい坂井さんでした。

坂井家一階の応接間には、戦没した戦友のためにと言って作られた小さな神棚があります。そして、この部屋には坂井ファンにとっては垂涎《すいぜん》の的《まと》とも言える〝宝物〟がたくさんありま

した。さらに、ここには奥様もご存知ない秘密の場所があります。天井の隅のところに小さな戸棚があるのです。

そこには坂井さんの大好物である佐賀の名物、小城羊羹《おぎようかん》が隠してあるのです。坂井さんがこっそり隠しているところを私は見てしまったのです。

「おい、ショウリ、誰にも言うな、少しあげるから」と。今も、そこには……。

改めて坂井さんの御冥福をお祈り申し上げます。

（たなか しょうり・クラブ歌手／『零の会』会員）

作家・坂井三郎とアメリカ合衆国

加藤ひろゆき

一九九六年一〇月一三日、ワタクシはハリウッドで映画やCMのオーディションを受ける、うだつの上がらない俳優だった。当時住んでいたロサンゼルスから白いキャディラックに乗り、坂井道子邸のあるアイオワ州デ・モイン市に向かった。『大空のサムライ』を、ハリウッドで映画化したいという壮大な企画を、娘・坂井道子さんのお宅に滞在中という坂井三郎先生に直接、伝えるためだ。助手席には有名美人歌手と交際していた、売れない放送作家の太井ホガラ、片道の距離は一四〇〇マイル、約二二〇〇キロのドライブだった。

途中、砂漠の中のフリーウエイ40号線、かつての66号線をやや制限速度を超えて走っているときに、後方よりパトカーに捕捉された。いつも坂井三郎先生の教え通り、後方の「見張り」を常に実施していたので、あらかじめ心の準備ができていた。ストップランプが点かぬ

よう、アクセルを戻し、徐々にスピードを落とし、無事にやり過ごした。

実は、坂井先生を訪ねるのはこのときが初めてではない。

一九九五年の一〇月一三日に、巣鴨のご自宅を訪問。アメリカから一時帰国しているとき、ハリウッドで映画化希望の内容を速達で手紙を書いた。

翌朝、すぐに電話が鳴った。

「私は東京に住む坂井三郎と申しますが」

まさか、直接電話が来るとは思わなかった。

「手紙よりも電話のほうが早いので」

電話であれば、伝達速度が速い。合理的な考えだ。瞬間的に、坂井先生のこの判断力の早さが、激しい空中戦で生き残ってきた理由なのだと感じた。

ご自宅に伺い、八時間ほど滞在したと思う。最後に、二階の〝原稿執筆室〟いわゆる、〝操縦席《コックピット》〟を見せてもらった。

六畳ほどの和室の左隅に、プロペラが電動で回る零銭の巨大模型。

坂井先生を囲む机は「コ」の字型になっている。

前方は原稿用紙。右手にＦＡＸ、左手に参考文献……逆だったかもしれない。

ます目のない原稿用紙に、本と同じ縦の文字数で、手書きで書く。

「零戦の操縦席みたいでしょ」

すぐ手が届く場所に必要なモノを置いている。原稿を書くことを最優先した執筆室である。ベストセラー作家の執筆現場をこの目で見たことは、のちにワタクシに大きな影響を与えた。

坂井先生は、合理的に物事を考える人だ。「戦艦大和の建造費があれば、零戦を数百機、製造できる」という言葉はその最たるものだろう。

日本軍の兵器が、いかに劣っていたかの話題になったとき、坂井先生の説明はわかりやすかった。

陸軍の使っていた「三八式歩兵銃」も、明治初期の村田銃が、若干進化した鉄砲だ。そんな旧式の銃で、最新の機関銃を持ったアメリカとガダルカナルで戦った。

日本では将校が軍刀を持つが、アメリカでは将校も機関銃を持って戦闘に入る。戦争の概念が違う。日本は、サムライの定義のまま戦った。日本的勝負概念。例えば、剣道や柔道、相撲。相手に余力が残っていても、一本取れば勝ち。その考えで国際的戦争を戦った。

だからハワイの真珠湾攻撃も、一本取ったので、一本勝ちで、さらなる攻撃をしないで帰

坂井先生が執筆されるときの仕事部屋。ご自分では“コックピット”と呼んでおられた。一般の人が見ると雑然としているようだが、ご本人はどこに何があるか熟知している。

ってくる。かつて日本では「皇軍が血を流した土地は、皇土になる」と言われ、土地に執着した。だから、ガダルカナルもフィリピンも劣勢になってもなおも戦った。

アメリカの場合、マッカーサーのフィリピン脱出のように、一度、撤収して、態勢を整えてまた逆上陸する。戦争の方法が根本的に違う。アングロサクソンと農耕民族の違いだ。彼らは、土地を捨てても、また戻ってくる。日本人は土地を捨てるということは、死を意味する。

これは、現在、ワタクシが取り組んでいる不動産投資にも通じる。土地への執着よりも、戦略を優先するほうがいい。

また、坂井三郎先生は、海軍に入ってから、最初は戦艦の砲撃手になったが、途中、集団戦

闘よりも個人戦闘のほうが向いていると考え、個人の判断で行動できる、戦闘機のパイロットになることを志した。

自分の適性を、若い段階で的確に把握しているところは、現代でも多くの人の参考になる。

『大空のサムライ』で、頭を撃たれて意識が薄れていくシーンで、あれは、脳みそが出たのですかの質問に、

「ばか者、脳みそが出ていたら、今頃、ここにはいない」

と答えていた。ユーモアのセンスも抜群だ。

特にすごいと思うのは、人間が脳で考える一瞬の描写を、著書の中で何ページにも渡って細かく解説していることだ。それにより、坂井先生の考えていることが読者にひとつひとつ伝わってくる。誰もそのことについては触れていないが、作家としては超一流の表現力を持つ。そのうえ、ベストセラー作家だ。

戦闘機の戦闘シーンは、生き残ったパイロットにしか書けない。

「読者も、操縦席に座っているようでしょう」

本文を書くのに三年半、まえがきを書くのに三か月かかったという。まえがきは、それほど重要だということだ。

また、坂井先生の「記録」に関するこだわりは相当に強い。

終戦後も、戦闘記録をすべて焼却処分しろ、という軍の上層部の命令を破り、資料をすべて保存していたそうだ。その記録が、『大空のサムライ』を執筆するにあたり、非常に役立ったという。

また、私が給油の度に記録していた愛車の燃費表を見て、

「これは、あなただけの記録にするにはもったいないから、いつか、本を書いて発表しなさい」

と提案された。燃費表は本にならなかったが、その予言通り、今ではアパート経営本を出版できるようになったのも不思議な話だ。

ご自宅のリビングには、B－17を背景にした「コリン・ケリー」（一九四一年一二月一〇日、坂井一飛曹〈当時〉搭乗の零戦によって世界で最初に撃墜されたB－17の機長）の写真があり、戦った敵国の操縦士を、きちんと祀っていた。

私が坂井先生に最後に会ったのは、一九九六年一〇月一三日のアメリカ。

お亡くなりになる四年前だ。冒頭のドライブの描写は、そのときのものである。

坂井先生は、この頃から自分の死期をわかっていたのだと思う。

「私ももうそんなに長くないから、お互いに、時間を大切にしましょう」

あのころの私は若かったので、意味をよく理解できなかったが、今ならよくわかる。

私は現在、不動産投資家として、『300万円で大家になって　地方でブラブラ暮らす法』（ダイヤモンド社刊）ほか、合計四冊の本を出版している。デビュー前に坂井先生にお会いできたことは貴重な財産になった。

思えば、アメリカから二〇〇ドルを握りしめ、ほぼ玉砕状態で帰国したワタクシが、不動産で再生できたのも、坂井先生のおかげである。

帰国後、うだつの上がらない日々を過ごし、もう限界だと何度も思った。しかし、坂井先生が半紙に書いて渡してくださった「不撓不屈《ふとうふくつ》」、「一念具象《いちねんぐしょう》」の精神を引き継ぎ、必死になって優良な不動産を探し出し、人生を立て直すことができた。

自著の題材となっている「激安アパート経営」の原点は、経済的困窮から玉砕しそうになったときに、どうすれば人間的に再生できるか、研究し、努力して、編み出した戦法だ。

当時は、現金で安い不動産を買うという考えはなく、参考になる本もなかった。

目標が達成できたのも、自分でいいと思ったことは徹底的にやることだ、と坂井先生に教えてもらったおかげである。

ワタクシの本は一見、坂井先生とは無関係のようだが、個人的には『大空のサムライ』のアパート経営版だと思って書いている。

生前の坂井先生にお願いして、ワタクシも列機に加えてもらった。『大空のサムライ』の精神は、ワタクシの中で「激安アパート経営」として、しっかりと受け継いでいるつもりだ。

一九九五年と、一九九六年一〇月一三日に、日本とアメリカの二か国でお会いできたのも、不思議だ。ほとんど文章が書けなかったワタクシに、作家の仕事を勧めてくれたのも、「坂井三郎」だった。

以下は、作家・坂井三郎としての語録。

「どんなに優れた人でも、人に伝達する能力がなければ、それで終わりだ。その手段は三つしかない。言語、文字、行動だ」

「作家の仕事をしていると、批判的な人間も現れる。電話でいろいろと言ってくる者には〝あなたの意見はよくわかったから、本を書いて出版してほしい〟と言うことにしている」

「本を書くときに『起承転結』で原稿を書けばいいというが、『起・転・承・結』でもいい」

＊

坂井先生のインタビューより

以下は、一九九六年一〇月にアメリカで収録したインタビューである。なお、文中の質問者「加藤」は筆者、「太井」は、同行した放送作家の「太井ホガラ」、「道子」は坂井先生の長女である。今となっては、貴重な音声だ。収録を許可してくれた坂井先生に感謝。

波瀾万丈の終戦直後

加藤　戦後は、印刷所を始められたそうですが？

坂井　その前に、海軍の復員組を私が集めて特設作業班というある運送会社の作業員をやっていた。中にはのちに暴力団員になった者もいたから、ときどき暴れちゃうんだ。「坂井さん、高田馬場で荷卸を拒否して、どうにもならないんで来てください」ということで、私が飛んで行って話をつけたり、そういうことはいっぱいありましたよ。あっちで事件、こっちで事件。そこで私が事件を抑えに行く。そのうち特設作業班は二〇〇人近くになってきて大変な勢力になった。

しかし、私は現場を離れて書類にサインをする立場になり、もう、暇で暇でしかたがない。上の人に、「こんなことでいいんでしょうか？　日本の再建はできるんでしょうか？」と尋ねたら、「いいや、坂井さん。大会社というものは、もらった仕事をタバコを吸いながら、お茶を飲みながら、一日がかりでやってきゃいいんですよ」

それを聞いて、「ああ、辞めます」。すぐ辞表を出しにいった。

加藤　復員の際、小切手が換金できなかったという件は？　あれはどこの銀行ですか？

坂井　横浜証券銀行。あれをとっておけばね、本当に今、高く売れたと思ってね。国家が発行した「不渡り手形」。

加藤　あれは、銀行の人が知らなかっただけではないですか？

坂井　いや、マッカーサーの命令によって今後は換金あいならんということになったんですよ。私は一万五〇〇〇人の横須賀航空隊員が一三名になるまで残って残務整理をやった。最初は、みんなに現金を渡して復員させたけど、最後の頃は小切手を渡した。その人たちは、みんな換金できたわけ。われわれ最後まで残った一三名は、横須賀航空隊の印鑑類を国に返納して解散。それで現金がないっていうから小切手をもらった。額面は三七〇〇円だったけどね。

それからが波潤万丈の五十数年。

何にもないけど、人間、何とかなるもんだ。それで、今度は闇商売を始めた。始めた頃に面白い連中がいた。

「親方、ちょっとコレを貸してください」というから、何だと思ったら、しょっているリュックサックから水がポタポタと落ちている。

「テメーら、何だそりゃ?」

「エヘへ、トンボ釣りです」

トンボ釣りというのは、お金を持ってそうな家に干してある洗濯物、高級そうな着物とかをね、夜中に竹の先に引っかけて持って来ちゃうことで、それらを午前中に乾かしてから新橋の闇市で売るわけ。

それから三か月ぐらい経って、連中の首謀者の男がしょげながらやってきてね、「親方、ついにヤラレました。ついては、お願いがあるんです。私は悪いことしたから刑務所に入りますけど、女房に逃げられて、一五歳の一人娘が可哀そうでどうしようもない。親方、引き取ってくれませんか?」

「うーん、俺も生活豊かじゃないから困るよ……、刑期は何年くらいなんだ?」

「三年くらいです」

「よし、じゃあ、三年間俺が預かってやる」

それで、新橋駅前の美容院へ行って、そこの奥さん、つまり美容師の先生に「こういうわけで娘さんを私が預かった。何とかしてくれないか?」と頼み込んだら、「じゃあ、うちに住み込みにして、その人が出所してくるまでに美容師の免許を取らせてあげましょう」と引き受けてくれてね。

そして、ちゃんとそいつが出てきたときに、父娘そろってお礼に来たよ(一同感動)。

「先生、私はついに入院いたしました」

坂井　娘の道子がまだ小さい頃だった。朝うちの玄関に一合瓶《びん》一本と大福が積んであって、お線香とロウソクが焚いてある。これはまた私の〝信者〟だな、とわかった。こいつが夜中に拝みに来るんだが、それでときどき、門のあたりで「ドサー」って夜明けに音がするから、何か投げつけられたかと思って出て行くとね、築地の市場からこれぐらいの大きな小鯛が何十匹と入った箱を放り込んでやがんの。それで、あとから電話がかかってきてね、そいつは、元陸軍のパイロットで、築地市場から魚を運ぶトラックの運転手。

「一つや二つ、こんなことをしても（荷がなくなっても）わからないんですよ。先生に食べてもらいたいから」って。

魚を近所に配ってさ、もう何十匹も、どうしようもない。

それであるとき、あまりにも来るから、

「この野郎！」って玄関に出て行ったら、

「先生、社会の窓、開いております」（一同大爆笑）

「余計なこと、言うな！　お前が来たから、俺は慌てて出て来たんだ！」

あんまりしつこいから、五番アイアンでちょっとボンとやったらね、

「先生……、ヤリましたね」（一同大爆笑）

そうしたら、タラタラタラと血が……。

あっ、大変だと思ったら、「コレくらいは、かすり傷でございます」

ってなっちゃってね。面白いんだよ、本当にうちに来る〝信者〟は。

太井　家の前で拝んでいるんですか？

坂井　もう、拝んでいる。お神酒供えて、お線香焚いて拝んでいる。

加藤　いくつぐらいの人なんですか？

坂井　その頃、彼はまだ二〇代。そのうちにハガキが来た。大阪のナントカ精神科病院からね。
「先生、私、とうとう入院いたしました」（一同大爆笑）
　それっきり、どうなったかわからないんだ。

ひと月に二七日、講演

坂井　今はあんまりやらないけど、もう、道子が学校に行っている頃、いちばん多かった頃はひと月に二七日講演。あの頃の一〇年間の日程表はもう、真っ黒。ウチにいないんだ、ほとんど。
加藤　あの、去年（一九九五年）おっしゃっていた、札幌で講演して、午後から福岡でやっていたというのは？
太井　凄い飛行距離ですね．
坂井　それはもう、大変でしたよ、その頃は。真っ黒けだもん、日程表が。講演だけの日程表が。信じられないけど。
加藤　ひと月二七回ってことは、休みがないんですか？

坂井　休みはない。もう、いちばん売れてるタレントよりももっとやっている（笑）。日程表はいまだにとってあります、それは、証拠になる。

太井　講演先は？

坂井　ほとんど、企業です、大企業。銀行はもちろん全部。自動車会社のトヨタ、日産。それから商工会議所、経団連、自衛隊、青年会議所。

村山首相（当時）にモノ申す

太井　先生は、自衛隊はどうあるべきだと思いますか？

坂井　自衛隊ですか？　自衛隊は今のままでいいけど、もう少し誇りを持て、と。

道子　あのときの話、しといてあげれば？　村山さんの。

坂井　村山首相のときに、日本空軍の、航空自衛隊の一佐以上が全部集められて、「何か話してください」って言うから、

「最近、気に入らないことがある。四九年間、自衛隊は余計なモノ、税金ドロボウ、憲法違反と言い続けてきた社会党の党首村山が……、村山っていう無礼者が四八年間もね、自衛隊を否定し、税金ドロボウ、憲法違反と言い続けてきたものが、今度はこともあろうに自民党

と組んで、総理大臣になり、自動的にね、自衛隊の指揮官になった。それは憲法上しょうがない。しかし一言あって然《しか》るべきだ〝誠に五〇年間、四〇何年間、自衛隊を否定しながら、誹謗《ひぼう》しながら、誠に失礼なことをいってきたけれど、謝りたい〟と。

謝ってからはじめて（首相に）なるべきであって、それを昨日まで自衛隊員を国賊扱いした人が〝今日からオレが指揮官だ〟⁉ ふざけるな！ そんなやつが今日からあなたがたの指揮官になったけど、どう思うか？ 一言も、今から発言する人間はいないのかねっ？ 心の底まで、魂までシビリアン・コントロールされたのか？ と。だから、ここで提案するけども、次の正月の観閲式のとき、行進中、村山首相の前で〝頭《かしら》、右っ！〟って号令されたときは、全員、左を向け！（一同大爆笑）。

そのぐらいの気迫がないのか？ 適当に勤め上げて、あとは民間航空へ行ったり、恩給をもらうのが目的だったのならば、ただちに辞めよ！ 民間会社にでも勤めよ。そんなことで、日本国家が守れるのか？ 村山という無礼者に対して、一言も、これだけ集まった人たちの中から、一言も彼を諫《いさ》められる人間がいないとは情けない。何事や？ 君らは何とも思わないのか？ 情けない人間になってしまったな。しっかりしろ。目を覚ませ！」と話しました。

そしたら後からね、「先生、先生、参考になりました」とさ。

こういうていたらくですから、自衛隊を否定していたやつが自民党と組む。

加藤 節操がないですね。

坂井 もう、節操も何にもない！　アメリカだったら大変だ。自衛隊は軍隊だ。NAVYだ、AIR FORCEなんだ。自衛隊なんていい加減な名前つけているから、そういうことになってしまう。だから君らは一国を守る、日本の軍人であったならば、軍服を着て、なぜ、市中を堂々と闊歩《かっぽ》しないのか？　背広やスポーツシャツでやってきて、隊内に入ってコソコソと制服を着て、帰りにはまた、スポーツシャツで帰っていく。情けない！　日本の国に命を賭ける態度ではないんだ！　それだったら、民間会社にでも勤めよ。

我々の若い頃は〝軍人さん〟というものは、非常に尊敬された。それは、国家非常時のときには、真っ先に命を賭けて、国とわれわれの生命、財産を守ってくださる。だから、軍人は大事にされ、少々、酒飲んで暴れても〝軍人さんのことだから〟ということで許してくれる。

ただし、それに甘えなかったよ。電車に乗っても、汽車に乗っても絶対座るな。ガラ空きのときには座ってもいいけども、お客さんが乗ってきたら、民間人が乗ってきたときは、ただちに立ち上がる。コメツキバッタみたいに立ち上がる。それが平時でも国民を守るという

ね、そのプライドが、責任感があるから、それができたんだ。だから、少々、若気の至りで間違いがあっても、民間の人は許してくれた。

だから我々は軍服を着て市中を闊歩することを誇りとした。今は何だ？　今の軍服を着ているることがね、恥ずかしいと思うような職業が、軍人、がどこにおるか？　そのことを、なぜ、君らは叫ばないのか？

例えば、飛行機（軍用機）を一機作ったら何十億円、その金で母子寮が何十棟も建つ、飛行機はむだなものだ、とぬかす奴がいるけど、例えば、一国の海軍が壊滅して、戦争に負けて、元に戻すだけで何年かかると思う？

加藤　相当な……、

坂井　相当っていうのは、日本的ないい加減な言葉だ。

加藤　二〇年くらいですか？

坂井　一国の海軍が壊滅して、元へ戻すだけで、最低一〇〇年かかる。だから、あの帝政ロシアの頃の「バルチック艦隊」そして「東洋艦隊」、撃滅されたでしょ？　あれから一〇〇年。まだ、海軍国になれないでしょ？

再生までに一〇〇年かかる。だから、軍備というものは、これは保険、だからむだなんだ。

障害（戦争）がなければこんなむだなものはない。病気がなければこんなむだなモノはないけれども、なったときに大変だから保険をかける。軍備はその国の保険なんだ。それを政府はなぜ、説明しないのか？

だから、軍隊が余計なモノ、税金泥棒と言っていた奴らに限って、「さあ、国が大変なことになった。なぜ、軍備をしなかった？」と言うだろう。

加藤　絶対、言いますよ！

坂井　だから、毅然としてね、政府は、独立国家というものは、やはり外敵に備えて、国力に応じた軍備というものをしていなければ、必ず滅亡する。しかし、そのときに、攻めて来られたときに気がついたって、一〇〇年かかるのよ！（笑）それで国家が潰れていいんですか？

「こっちから仕掛けなければ、向こうは来ないだろうって？」。とんでもない！　こっちが目をつぶってしまえば向こうのことは見えない、などとんでもないことを言うやつがいる。帝政時代にしても、ソビエトになってからにしても、あの国はもう侵略で領土を拡張していった。あの国でさえね、強い国には一つも攻め込まない！

加藤　小室直樹氏も、そう書いていましたね。

坂井　そう。弱いところ、弱いところを。無防備になったら、すぐ攻めてくる。すると、たいていの人がね、「防備したところで、ソ連から原爆、水爆を落とされたら?」って反論してくるが、このように日本人に核兵器の前には通常の軍備は無意味だというイメージを抱かせれば、もう、向こうの思うツボだ。

＊

坂井先生の熱弁はまだまだ続くのだが、与えられた紙幅が尽きてしまった。このへんで強引にお開きにさせていただく。

（かとう ひろゆき・作家／激安不動産投資家）

坂井先生と三三年の思い出

菊池征男

"大空のサムライ"との初めての出会い

私が坂井先生と初めてお会いしたのは、今から四六年前の昭和四二年（一九六七）一一月二八日のことである。私はその一週間前に潮書房が発行する雑誌『丸』の編集部に中途入社したばかりであった。当時の編集長高野弘氏から「菊池君、来週、坂井さんと一緒に在日カンボジア大使館に行って取材してくれ」と言われた。続けて「ボクも詳しいことは知らないので、君が直接、社長室に行って取材の内容を聞いてくれ」

私はすぐに一階の社長室へ行った。

「編集長から社長室へ行くようにと言われてきました」

「オウ、ご苦労さん。君は坂井さんを知っているだろう。実は在日カンボジア大使館から問

い合わせがあって、ミスター・サカイにお会いできないだろうか、と言うんだ。どういうことですかと尋ねると、実はわが国のシアヌーク殿下（のちに国王、カンボジア独立の父と呼ばれた。二〇一二年一〇月一二日死去）の弟殿下がアメリカ空軍に留学中、ブックストアで『SAMURAI！』を買って読んでみるとえらく感動されて、本国に帰る途中、日本へ立ち寄りミスター・サカイに会えないだろうかと、大使館に尋ねてきたと言うんだ。

そこで坂井さんに話すと、いいですよとの返事で、巣鴨まで来ていただくのは大変だろうから、私が出向いて行ってもいいです。ということになり、加藤君の車で坂井さんを迎えに行ってもらいたいんだ」

その翌日、『丸』編集部の加藤さんが運転する車に同乗して巣鴨に向かい、坂井先生を乗せて、港区青山にある在日カンボジア大使館へ向かった。

午後五時過ぎに着いた。大使館員が姿を現した。彼の後をついてゆくと、まるで宮殿の一室のような所へ案内された。すると、すぐに濃紺のスーツを着た恰幅《かっぷく》のいい弟殿下が入ってきた。そして、坂井先生に近寄ると握手を求めてきた。坂井先生も笑顔でそれに応じた。弟殿下は日本語がわからないので、通訳が一人いた。

「お忙しい中、わざわざおいでいただいて、ありがとうございます。〝サムライ〟に会うこ

とができて夢を見ているような気持です」と弟殿下は申されています、と通訳が言った。

「ワタシはUSエアフォースで、ジェット・ファイターの操縦を学びました。しかし、サムライのスピリットはミスター・サカイの『SAMURAI!』に学びました」

するど、坂井先生はこう切り出した。

「レシプロ戦闘機であれジェット戦闘機であれ、空戦の方法は変わりはありません。最も理想的な攻撃位置は太陽を背にして後上方から襲いかかることです。空戦は大きく分けると、一、索敵そして発見。二、目標に接敵し識別する。三、ただちに攻撃に移る。四、機動。五、離脱する――といったことになります。殿下も同じアジア人なので黒い瞳であり、太陽の光線にも強いはずです」

さらに言葉を継いだ。

「それと背後と上空の見張りを怠ってはいけません。自分の背中にも目がついているように常にそのことを意識していなければいけないのです。そして、一機の敵機の後方についたら、ニワトリを背後から追って鳥かごに入れるように、追って追って距離をつめることです。照準器いっぱいに敵機が見えるまで弾を撃ってはいけません。遠くから撃っても相手には当たりません」

こうして坂井先生は空戦法を弟殿下に伝授して、一時間以上にわたる会談は終わった。弟殿下は別れ際に「ミスター・サムライに今日教わったことは一生忘れません。すばらしいアドバイスをありがとうございました。これで安心してカンボジアに帰国できます」

これが縁で、私と坂井先生との〝師弟関係〟らしきものが生まれた。当時『丸』では坂井先生の『続・大空のサムライ』が連載中で、その担当編集者となった。そのころはまだファクスはなかったので、原稿の受け取りにはよく巣鴨のお宅へ伺ったものだった。

〝エース・サカイ〟との零戦体験ツアー

時は流れて平成二年（一九九〇）、ある旅行会社が「坂井先生とロサンゼルスの零戦を見に行こう」という企画を立てた。というのも、零戦が誕生してちょうど五〇年になる節目に当たるので、カリフォルニア州チノ飛行場の「プレーンズ・オブ・フェイム」博物館にある世界で唯一のオリジナル〝栄二一型エンジン〟搭載の零戦を見学しようというわけである。

この企画が決定すると、私は落ち着いていられなかった。私にとっては初の米本土への旅行である。大きなスーツケースを買った。早くその日が来てくれと、毎日が楽しかった。下

着を毎日取り替えるとして、一週間分の靴下、ワイシャツ、スーツ一着、いろんなものをつめ込むと、もうスーツケースにはスペースがなかった。

そして五月一九日、この重いスーツケースを持って成田の東京国際空港へ向かった。そして、『零戦体験ツアー』に参加する人たちが待つ集合場所に着いた。ここでホッとしていると坂井先生も姿を現した。その時、私は坂井先生の旅行カバンを見て、ひっくり返るほど驚いた。先生はキャスターに一、二泊くらいの旅行カバンを乗っけているだけである。すると坂井先生は大きなスーツケースのいでたちの私を見るなり、「菊池さん、あなたは下着から何から一週間分をつめ込んできたでしょう。そんな大きな荷物を持っていると荷物に振り回されて旅行が苦行になりますよ。私の荷物を見てごらん、こんなものです。途中で下着が足りなくなったり、靴下が足りなくなったとしても、それらはアメリカで買うことができるし、宿泊するホテルで洗濯すればいいんですよ」

私は出鼻《でばな》をくじかれた気がした。生まれて初めての海外旅行ということだったので、あれもこれもつめ込んだ結果である。今さら悔やんでも、もう遅い。こうして『〝丸〟特別企画／坂井三郎氏と行く〝零戦五〇周年記念〟零戦体験ツアー』参加者全員が集結。ＪＡＬ62便に搭乗し、成田の東京国際空港を発った。

坂井先生はファースト・クラスに席があったが、機内ががら空きだったので私の隣に座られて、よもやま話に花を咲かせた。そのうち、二人ともうとうとし始めた。そして坂井先生が突然、「菊池さん、もうすぐミッドウェーの上空に達するよ。日付変更線ですね」とおっしゃる。時計を見ると午前三時ごろであった。窓から太陽光線が入ってきた。

「ミッドウェー上空を通過するとき旅客機が大きく揺れるということを何回も経験していますが、なんでもミッドウェー海戦で戦死した霊が呼んでいるからだと言う霊能力者がいるそうですよ」

しばらくすると、坂井先生はファースト・クラスの席へ戻っていった。ほとんど寝つけないまま五月一八日（前日に戻る）午前一一時（現地時間）ちょっと過ぎ、われわれが搭乗したボーイング747－400ジャンボ旅客機はロサンゼルス空港に降り立った。

『零戦体験ツアー』参加者は長旅の疲れを休める暇もなく、空港の外に出た。そこにはアメリカ西海岸特有の抜けるような青空と強烈な太陽と乾いた大地があった。空港前で現地の添乗員とチャーター・バスが待機していた。すぐに乗り込むと一路サンタモニカ航空博物館をめざした。左手に美しい砂浜のサンタモニカ・ビーチが見えかくれする。バスはさらに北へ走り、やがてダウンタウンを通り抜けると、目的地である航空博物館が見えてきた。

なぜサンタモニカ航空博物館を訪れたのかというと、一九、二〇日に世界最大の航空機のオークションが行なわれることになっており、その前日のプレビューを見学するためであった。

P－51ムスタング、スピットファイア、P－38ライトニング、P－40ウォーホーク、B－25ミッチェル、TBFアベンジャー、P－47サンダーボルトなど約四〇機がエプロンに並べられている。日本でいうなら中古車の即売会みたいなものだ。これだけの航空機を目の当りにして、坂井先生を始めとして、皆ただ驚きあきれるばかりだ。こんな航空機を売ったり、買ったりしているのだ（帰国後、サンタモニカ航空博物館に問い合わせてみると、P－38が日本円で一億八〇〇〇万円で売れたそうだ）。

米国では〝サブロー・サカイ〟はビッグネーム

私は坂井先生にいろんな機体の前に立ってもらい撮影した。そしてロッキードP－38ライトニングのそばに行くと、濃紺のジャケットに蝶ネクタイをした背丈の大きいダンディな紳士が、P－38の機首を背にして記念写真を撮影されていた。その風貌からただ者ではないと

思ってカメラマンに尋ねると、Ｐ－38の設計主務者Ｈ・Ｌ・ヒッパード元技師だという。御《おん》歳《とし》八三歳だそうだ。Ｐ－38も今年で誕生五〇年なので、そのための記念撮影だとカメラマンは言った。

ついでにカメラマンに向かって、我々も〝切り札〟である坂井先生を指さして「ゼロファイター・パイロット〝サブロー・サカイ〟ジャパニーズ・ネービー・トップエース」と紹介すると、ヒッパード元技師を撮影していたカメラマンがびっくりした。

「ナナ、ナンダッテ、あのエースのサブロー・サカイ！」（「明治から平成にいたる近代日本の歴史で、アメリカ国民が崇拝しまたは畏敬した日本人が三人いる。一人は東郷平八郎元帥であり、一人は太平洋戦争で六四機撃墜王の坂井三郎一飛曹（階級は昭和一七年当時）である。そして一人は本田技研工業の本田宗一郎社長である。――」日本経済新聞より）

カメラマンが「じゃあ、お願いだからヒッパード元技師とミスター・サカイがＰ－38をバックに握手しているところを撮らせて欲しい」と哀願した。二人が握手しているところを撮り終えたカメラマンが、

「明日もここに来るのか」と質問してきた。

「いや、明日はほかに行くところがある」

「ほかに行く⁉　お願いだ。どこか教えて欲しい」

「明日はチノへ行く」

「チノ、本当か？　ボクも明日そこへ行く。ぜひ、ゼロファイターの前でミスター・サカイの写真を撮らせて欲しい」

アメリカ本土に着いてまだ三時間も経っていないというのに、とんでもないことになりそうな雲行きである。

第二次大戦機オークションのプレビューの見学を終えて、サンタモニカ航空博物館内を見学することになった。すると、博物館のディレクターであるマドンナ氏が「ミスター・サカイに会いたい」と言ってきた。館内でミスター・サカイとマドンナ氏が固い握手を交わした。するど、マドンナ氏のそばにいた女性マネージャーが「カメラ、カメラ」と叫びながら階段を駆け上がり、息を切らして降りてきた。エース・サカイの来訪記念の写真を撮ろうということらしい。

午後四時過ぎ、サンタモニカ航空博物館を後にして、その日の宿泊予定のロサンゼルスのダウンタウンにあるホテルに着いたのは午後六時を回っていた。夕食を終えてホッとしていると、ロサンゼルス郊外に住む日系三世のヘンリー・サカイダ氏が坂井先生を訪ねてきた。

彼の手には大きなスポーツバッグがあった。

坂井先生の部屋に案内されたヘンリー氏はスポーツバッグから望遠鏡のようなものを取り出した。零戦に装備されていた光像式射爆照準器だった。日本円で約二〇〇万円で買ったと言う。この照準器の取り扱い方を坂井先生に教えていただきたいということでやって来たのだ。しかし、年月が経っているので光源となる電球が切れていて、坂井先生も手の施しようがなかった。やがてヘンリー氏は帰っていった。

午後一〇時ごろ、坂井先生から室内電話があった。

「私の部屋へちょっと来てみませんか」

なんだろうと思いながら坂井先生の部屋をのぞいてみた。

すると、部屋の片隅に巣鴨からもってきた紐に洗濯が終わったばかりの下着やシャツが洗濯ばさみで吊してあった。

「カリフォルニアは空気が乾いているので、これは一晩で乾きますよ。私が成田であなたに言ったことを私は実行に移しているだけのことです」

その後、坂井先生と私は、ツアー参加者の永井幸雄氏の部屋に入った。そこが坂井先生を囲んでの即席ミーティング・ルームになった。色紙を持って訪れたのは塚本茂男さんだ。続

いてツアー参加者の中で一番若い（ただし女性では大阪の杉山正美さん）力丸敏明さんとやはり二〇代の田山雅博さんがやって来た。坂井先生は色紙に「不撓不屈《ふとうふくつ》」と書いた。しばらくして、安藤東栄さんと元警察署長まで勤めた中口武男さん、静岡の病院長の菅野寛也さんたちも姿を見せた。

ミーティングは盛り上った。零戦に関するいろんな質問が出た。坂井先生はわかりやすく教える。夜の一二時をまわっても誰も部屋へ引き上げようとしない（この現象はロス滞在中、毎晩続けられた）。

時は過ぎてゆく。ロサンゼルスの街も深い眠りに落ちたようだ。〝ご一行様〟もようやく腰を上げ、アメリカでの第一日目のベッドにもぐり込んだ。

エースはチノでもモテモテ

ロスでの一夜が明けた。ほとんどの人が時差の関係で午前三時とか四時ごろ目を覚まし、うとうとしているところでモーニング・コールが鳴り、はっとして起きた。

さあ今日は、世界で唯一飛べる零戦に会える日だ。レンタカーがホテル前に到着した。上

下五車線ずつあるフリーウエイを東に向かって走る。車はスムーズに流れている。一時間ちょっと走ったころ、フリーウエイから一般道路に出る。何百頭というホルスタインが、草を食《は》み、あるいは横になって寝ころがっている。

そんな風景の中に場違いのようなチノの「プレーンズ・オブ・フェイム」の建物が見えてきた。駐車場の左側にはB－25が展示してある。また右手にはB－29の胴体が置いてあった。

やがて、「プレーンズ・オブ・フェイム」の館長エド・マロニー氏が姿を見せ、「ウエルカム」と言ってミスター・サカイと握手した。〝ご一行様〟はマロニー氏に案内された。車から出ると、空気が乾燥していて半袖シャツでは肌寒いほどだ。

ゲートをくぐって敷地内に入ると、なんと目の前にダークグリーン塗装に鮮やかな日の丸が描かれた零戦があるではないか。〝ご一行様〟の皆さんは、さっそくカメラを取り出してシャッターを押し始めた。

そのときである。自分で立っているのがやっとといった老人が、ミスター・サカイのそばへやってきた。手には坂井先生の名著『SAMURAI！』を持っている。この本にサインして欲しいと言っている。

この老人の名はブローワーといい、かつて、TBMアベンジャーに乗って硫黄島を攻撃し

たことがあるそうだ。「ミスター・サカイの『SAMURAI!』を読むと、坂井先生がTBMに追い回されて、フンドシ一つで逃げまどったと記されているが、そのとき攻撃したのは我々ではなかったかと思っている。この本を読んで、ずーっとそう思い続けていた。今、会えて一つふっ切れたと」語った。

「ミスター・サカイがチノに来るというので、二日かけてネバダから出てきた。今日は自分の思いがかなったのでもう帰る」

ミスター・サカイにサインをもらい、握手して田舎へ帰る元アベンジャーのパイロットの後ろ姿が心なしか晴々としていたように見えた。

〝ご一行様〟が零戦やF6Fなどの機体を撮影しているとき、坂井先生がこつ然と姿を消した。一時間ほど経っても姿が見えない。こりゃきっとアメリカ人に「リメンバー・パールハーバー」とか言って拉致されたのに違いない。皆で手分けして捜そうとしているところへドクター菅野氏が、

「博物館の一番奥でサイン攻めに会っているョ。P-38の元パイロットたちでいっぱいなんだ」

と言う。そうだったのか。これでひと安心だ。

しばらくして坂井先生がサイン会から〝脱出〟してきた。すると、そのあとを追うようにしてポスト・カードを持った婦人、若いカップル、老婦人らがついてくる。どうしてもミスター・サカイにサインして欲しいようだ。

異郷の空をかける零戦

午後、〝ロッキードP－38ライトニング誕生五〇周年〟を記念してのフライトが始まる。白い機体のP－38がテイクオフ。そのまま急上昇を続ける。華麗なフライトだ。これにP－51ムスタングが二機加わる。さらにB－25ミッチェルも加わり、まるでエアーショーの雰囲気だ。

そこへ日本人にとって誇るべき零戦が加わった。なにやらアメリカ戦闘機対零戦の空中戦のような気配になってきた。

「いいぞ、いいぞ、零戦よもっと飛べ。栄エンジンでアメリカ人を驚かしてやれ」と叫びたくなる。

しばらくしてフライトが終わり、駐機場へ向かう。最後まで飛んでいたP－38がタクシー

ウェイにくると、観衆の中からどよめきと拍手が沸き起こった。それに応えるパイロットはキャノピーを開けると、右手を空に向かって振った。ガッツポーズなのだろう。

〝ご一行様〟も駐車場へもどり、ふたたび零戦の前に立った。零戦所有者のエド・マロニー氏がやってきて、ミスター・サカイをコックピットへ案内する。それっとばかりに皆がシャッターを押し始める。この日のチノのスターは、P－38と零戦、それにやはりミスター・サカイであった。

真珠湾上空での〝模擬空戦〟

ロサンゼルスでの四日間はあっという間に過ぎていった。今日はハワイアン航空HA001便でオアフ島へ向かう。ホノルル国際空港に着いたのは五月二二日午前一二時過ぎであった。

〝ご一行様〟はホノルル空港に降り立ったあと、パールハーバーの記念艦『アリゾナ』を訪れて、戦没者たちの冥福を祈った。

五月二三日、ツアーもファイナル・アプローチへ入った。これまで地上にあった零戦が実

際に飛び上がり、大空を駆けるところまで見てきた。今日はその実践編ともいうべきもので、小型機に乗り込んで、パールハーバー上空を飛んで機体がどのように揺れ、プラスGが自分たちの体にどのようにかかるかを体験してみようというわけである。気象状況はあまりよくなかったが、それでもフライトは無事に終えた。

午後、ミスター・サカイには特別のオプションが待っていた。ヒッカム米軍基地のすぐ隣にコスモ・フライング・スクールという小型機のライセンスを取れる学校がある。校長はハワイ在住七年の岡田怜さん（一九九八年二月、パラシュート事故で死亡）だ。まだ三〇歳だという。

岡田校長は小学校五年生の頃『大空のサムライ』を読んで、たいへん感激したそうだ。その著者坂井三郎氏と一緒に自分の飛行機でオアフ島上空を飛ぼうというわけだ。ホノルル空港側で待っていると、岡田さんがやってきた。坂井先生に同行したのはカメラマンの永井幸雄氏と私。

フライング・スクールに坂井先生が姿を見せると、学生たちは飛びあがらんばかりに喜んだ。憧れていた人が自分たちの目の前にいる。うそみたい。夢なら覚めないで欲しいという想いであっただろう。小田原からヘリコプターの免許を取りに来ていたお嬢さんなど涙を流

さんばかりに喜んでいる。

Tシャツにサインをおねだりする者、教科書、ノートにサインを求める者、教室はにわかに騒がしくなった。やがて、坂井先生が飛行機を操縦するに当たっての細かいことを述べ始める。皆は一様に真剣な眼差しで熱心に聞き入っている。

しばらくして、フライトすることになった。編隊長は坂井先生を乗せた岡田校長、その後に二番機が続き、ホノルル国際空港の滑走路に向かった。なんと驚くべきことに、ホノルルの管制塔は二機のフォーメーション離陸を許可したのだ。二機のハイパーPA－28がかすかなエンジン音を響かせながら離陸していく。

パールハーバーの上空では坂井氏も実際に操縦桿を握った。そして二番機の後方下位につけ〝空戦の真似ごと〟もやってのけた。約四〇分のフライトを終了、テイクオフと同様に編隊着陸してきた。太陽はだいぶ西に傾いていたが、陽射しは容赦なく照りつけていた。

その夜は、ワイキキ・ビーチのすぐ近くのホテルで、ツアー最後の夜のサヨナラ・パーティーが開かれた。みんなの顔も安堵と満足感で満ちあふれている。

明けて五月二四日、ホノルル午後一二時発のJAL71便で帰国の途につく。ホノルル国際空港をJAL71便がタキシングしているとき、ヒッカム米空軍のC－5ギャラクシー、C－

41スターリフターやF－15イーグルがラインナップしているのが見えている。

やがてJAL71便はエンジンのパワーをいっぱいにあげて、滑走路を滑り始めた。ガクンと体に重力を感じたと思うと、機体は地上を離れていた。眼下にオアフ島がしだいに小さくなってゆく。やがてそれも見えなくなり、青い海原だけがあった。

ジャンボ機の操縦席で記念撮影

ホノルル空港を飛び立って三時間ほど経ったころ、キャビン・アテンダントが「坂井様ツアーの方、二名ずつコックピットに上がってください」と、我々が座っている席までやってきた。実は今朝、帰国の支度を終えてホテルのロビーで時間をつぶしていたら、JALのパイロットたちがいたので、私が「われわれはJAL71便で帰国するんですが」と声をかけると、パイロットが「その飛行機はわれわれが搭乗するジャンボ機です」と言った。

そこで私が、「このツアーには坂井三郎先生も一緒なんです。もう間もなく姿を現されると思います」と言うと、

「えっ、伝説の撃墜王の方ですか。それは名誉なことですね。よろしかったらコックピット

にお連れしてきてください。感激です」（この当時は、一般乗客でもコックピットに入ることができた）と、こういう約束をしていたのである。

まず、私と坂井先生、それにカメラマンの永井氏がコックピットに入った。パイロットとコパイ（副操縦士）が前方を見ながら「あの雲をやり過ごしたらオートにしましょう」。

やがて、コックピット内で、坂井先生を中心にフライト・エンジニアも含めて記念撮影を行なった。私はジャンボ機のコックピットに入ったのは初めてなので、いささか興奮した。

元の席へ戻りうとうとしていると、機内放送で「乗客の皆さんの中にお医者さんはいらっしゃいませんか。急病人が出たのです」

すると坂井先生の〝軍医〟と称する菅野先生に私が「軍医どの、オーケーですか」と尋ねると、菅野先生は聴診器などを出し始めたのでキャビン・アテンダントに「ここにいます」と声をかけた。機内は空いていたので、菅野先生は客席の後方で、診察をして戻ってきた。

「注射を一本うってあげた。大丈夫だね」

このことがあったからか、成田に着いたときには坂井先生のツアー一行に機長以下キャビン・アテンダントが整列して見送ってくれた。

零戦五二型フライト・シミュレーターに試乗

平成一〇年（一九九八）一二月三日、私と坂井先生は成田空港に隣接する「航空科学博物館」を訪れた。ソニーが開発した3D実写体験シミュレーター『アミューズ・ビジョン・ライド』に試乗するためである。このマシンは、立体映像、音声、動作、風圧などにより、すべての動きを可能なかぎり忠実に再現することができる。

シミュレーターは複座式で搭乗者はコックピットに入ると、一応安全のために、遊園地のジェットコースターのような身体固定具を降ろし、バイザー状の世界初の3Dグラストロンを装着する。坂井先生が右席、私は左席に座った。

眼前には三〇インチくらいの3Dスクリーンがあり、そこに画像が映し出される。まず、格納庫から零戦五二型が引き出されるところからスタート。つぎに栄二一型エンジンが始動し、爆音と振動が体に伝わってくる。チノの飛行場の誘導路をタキシング、プロペラが回転している様子がよくわかる。やがてテイクオフ。前方から吹き付ける風圧とエンジンの振動を体に感じながら、晴れ渡ったカリフォルニアの上空を飛ぶ。ロールや宙返りを行なうが、

航空科学博物館内にある、ソニーが開発した３Ｄシミュレーターのコックピットに収まる坂井先生。実機の零戦を操縦しているような体験ができる装置である。

それに合わせてシミュレーター全体も前後・左右そして上下の機動を行ない、零戦の運動性能のよさを示してくれた。

しばらく飛んでいると突然、グラマンＦ６Ｆが姿を現した。すぐにドッグファイトが始まった。強烈なＧを疑似体験しているうちにＦ６Ｆの背後についた。すると坂井先生が、「まだ撃っちゃだめですよ。もっと接近しないと弾は当たりません」と言う。しばらく追撃していると「今です。撃って」と言われたものの、射撃装置は装備していない。

「いやー、五十数年前を思い出しましたよ。今までいろんな体験をさせていただきましたが、臨場感、緊迫感といい、実にリアルに零戦の飛行を再現しています。すばらしい」

と坂井先生は絶賛した。

撃墜王、永遠の眠りにつく

それから二年後の平成一二年（二〇〇〇）九月二一日、坂井先生からお電話をいただいた。というのは、光人社から『週刊プレイボーイ』に連載した『大空に訊け！』が刊行されることになり、私が校正ゲラをお送りしたところ、「文字が小さくて赤字が入れられない。拡大コピーでもう一度、送ってもらえないか」ということだった。「それと、明日、米海軍西太平洋艦隊航空司令部の五〇周年記念の式典に呼ばれているので行ってきますよ」とのこと。

私が「今年の夏はめちゃくちゃ暑かったので九月といってもまだ残暑がきびしいので、おやめになったほうがいいのでは……」と言うと、「そうも思ったんだけど、西太平洋艦隊五〇周年の節目だということなので、これが最後ですよ」

その翌々日の二三日（月曜日）、自宅の電話が鳴った。時計を見ると午前七時過ぎである。誰だ、こんな朝早くから、と思いながら受話器を耳に当てた。

「会長、小山ですけど朝早くからすみません。坂井先生が亡くなられたそうです」

「えっ、なんで？　交通事故か？」

「私もそのへんはわかりません。とりあえず会長のところに連絡するようにとの電話があったのです」

私は、わかったといって電話を切ると、最初に高城肇社長（当時）宅へ連絡した。

「社長、坂井先生が亡くなられたそうです」

「どういうことだ」

「私も事情が飲み込めていないんです。これから坂井先生宅へ向かいます。その後、社長のところへ連絡を入れます」

「おう、そうしてくれ」

あまりにも突然の報せに私は自分を失っていた。坂井先生と交友のあった方々をほぼ知っていたので、状況がわからぬまま皆に電話連絡した。そのとき、とても朝食をとる雰囲気ではなかった。とりあえず巣鴨に行こう。身支度をして家を出た。

午前一一時ごろ、坂井家に着いた。いつも多くの来客を迎えてくれる応接間に坂井先生は安置されていた。そこには奥様の暖子さんがいらして、私の顔を見るなり、「どうか坂井の顔を見てやってください」と言って顔に覆われていた白い布をそっとはずした。ほとんど普

通にお休みしている状態であった。〝安らかな〟というのはこのことをいうのだろう。先生、長い間、ありがとうございました。ごゆっくりお休みください。天国で笹井中尉や西澤、太田その他の戦友とまた新しい世界を造ってください、と両手を合わせた。

そこには、坂井先生のご家族のほかに私より一足早く駆けつけた『零《ゼロ》の会』の高木医師、神田神保町の「すし庄」の津田氏、予科練出身の山中氏、ジャズ歌手の田中さんらがいた。

一昨日、電話で坂井先生と交わした言葉が最後で、こんなことになることがわかっていたらもっと話があったのに、と思うと残念でならなかった。もう永遠に会えない悔しさをどうしようもなかった。

（きくち　まさお・『零の会』会長）

坂井三郎の脳内GPS

髙木邦彦

中島飛行機のこと

一九四〇年（昭和一五）頃、群馬県にある太田町《おおたまち》（現・太田市）と隣の小泉町《こいずみまち》（現・邑楽郡《おうらぐん》大泉町《おおいずみまち》）は、日本の市町村の中での〝一大飛行機生産拠点〟という特異な位置を占めていた。この地に中島飛行機という日本で最多の飛行機を作る一大メガロポリスが出現したのである。多くの人たちがここで働き、男女の学生も工員としてここで働いた。太田町には、一〇〇式重爆「呑龍《どんりゅう》」をはじめ、一式戦闘機「隼」など陸軍の飛行機が生産された「太田製作所」が、小泉町には、夜間戦闘機「月光」や「零式艦上戦闘機」など海軍の戦闘機が生産された「小泉製作所」があった。零戦は、設計に携わった名古屋の三菱よりも、小泉町で生産された零戦のほうがはるかに多く作られた（零戦約一万六〇〇機のうち七六〇〇機近

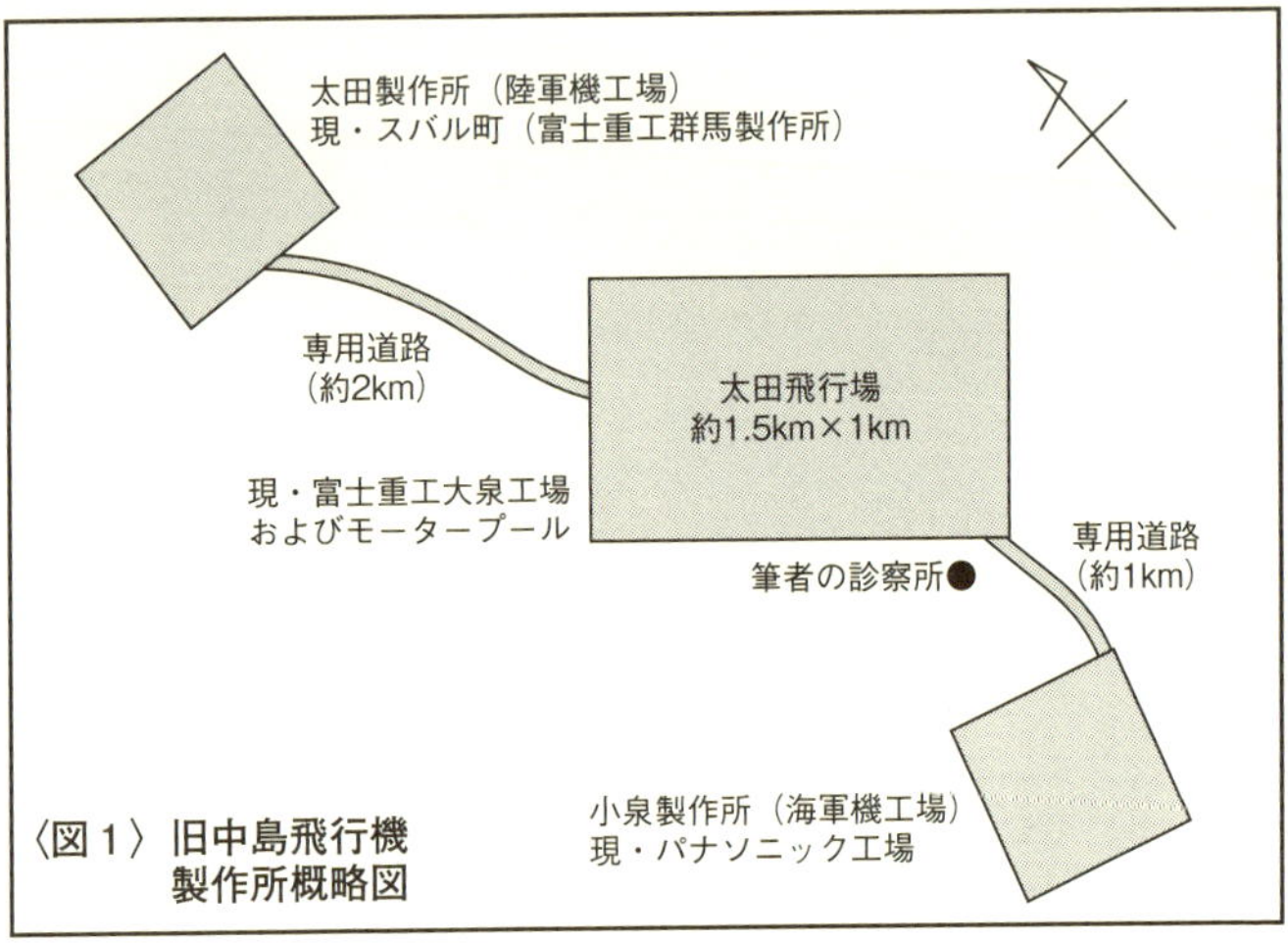

〈図１〉旧中島飛行機製作所概略図

くが、この、小泉製作所で作られたと聞く）。

中島飛行機の太田および小泉工場の位置関係を〈図1〉に示す。まず、約一・五キロ×約一キロの長方形をした太田飛行場があった。飛行場の北に太田製作所があり、飛行場の南に小泉製作所があった。太田製作所と小泉製作所と飛行場を結ぶ道路はそれぞれ「専用道路」と呼ばれ、両工場から完成したての飛行機を飛行場まで運んだ。この道路は今では道幅が狭くなったが、「専用道路」という名前は今でも残っている。

陸軍の飛行機を作っていた太田製作所は、スバルの富士重工として知られる、現在も太田市の基幹産業である。二〇〇一年（平成一三）一〇月に工場の住所が太田市東本町から太田市ス

バル町に変更されている。一方、海軍の飛行機を作っていた小泉製作所は、戦後に三洋電機の工場になったが、現在はパナソニックの工場になっている。

零戦と私の診療所開業

一九八二年（昭和五七）、私は三六歳のときに大泉町（旧小泉町）で整形外科院を開業した。ただそれだけなら何の変哲もないことなのだが、その開業した場所がちょっと特殊なのである。小泉製作所から海軍の飛行機を太田飛行場まで運ぶ「専用道路」については前述したが、その「専用道路」が、かつての飛行場に入る入口だった場所に開業したのである。

もし、これが七〇年前であるならば、零戦をはじめとする海軍のできたてほやほやの飛行機を、私は自分の診療所の玄関前で毎日見送っていたことになる。坂井三郎先生がガダルカナル上空での空戦後に被弾しながらもラバウルまで坂井先生を運んでくれた愛機「V－103」の零戦は、中島製と聞く。であれば、七〇年前に私の家のすぐ前で坂井先生の愛機を見送っていたことになる。

後日、私の診療所を坂井先生が訪問されたときに玄関前で「これが専用道路で、先生がガ

ダルカナルの空戦のとき乗っておられた『Ｖ－１０３』はちょうどこの前を通って太田飛行場に運ばれ、そこからラバウルまで行ったと思われます」と申し上げたところ、坂井先生は、道路をじっと眺めておられた。その後、先生はかつて新しい零戦を受領しに、二、三度「小泉町」を訪れたことがあると話してくださった。

坂井先生との出会いのいきさつ

一九九七年（平成九）、開業して一五年、私は大泉町のある青年会の会長になった。会長としての私の最初の仕事が、「この零戦を多く生産した大泉町に坂井三郎氏をお呼びし、無料で講演会を催そうではないか」という提案であった。

幸いにこの提案は、青年会に了承され、おまけに他の青年会も後援してくれることになり、二つの青年会の依頼を受けて私が、坂井三郎氏と交渉に当たる光栄を得た。ある晩、坂井三郎氏宅に電話をかけた。

「はい、坂井でございます」の奥様の声の次に、私の少年時代からの憧《あこが》れの坂井三郎先生の声がした。私はすぐに自己紹介をした。私は、零戦を日本で一番多く生産した群馬県大泉町

の開業医であり、二つの町の青年会の代表であること、そして、坂井先生を是非とも、この大泉町にご招待したいこと、そして、町の若者を相手に講演会をしていただきたいことなどを告げた。そのときの私は興奮のあまり、ほかにどんなことをしゃべったか記憶にない。そして、この電話がきっかけとなり、翌九八年（平成一〇）九月一二日、大泉町に坂井三郎先生をお招きしての『撃墜王は語る　真剣勝負におけるリーダーの条件』という講演会で結実する。このときの映像は私が撮らせていただき、DVDを坂井家にお贈りした。

しかし、私が、坂井先生の御自宅に電話してすぐに講演会が実現したわけではなく、その日までには、一年半あまりの期間があったのであるが、この間こそが私にとっては珠玉のような時期だったのである。

坂井先生宅を訪問する

最初のご自宅への電話の最後に、坂井先生は「家に遊びに来なさい」と言ってくださった。私はすぐに友人の原口君と一緒に坂井先生のお宅を訪問した。このとき私たちは、坂井先生から人物評価をされているような気がした。

とはいえ、お宅の玄関でわれわれを坂井先生は快く迎えてくださった。応接間に通されると、突き当たりの右壁に神棚があるのがわかった。ここには坂井先生が戦争中に一緒に戦った戦友、あるいは敵として戦った方たちの御霊が祀ってあった。私たちは心をこめて祈り、私たちの「誠」を捧《ささ》げた。応接室には、著書の『大空のサムライ』で見知っている品物の実物をたくさん見ることができた。しかし、それから一時間ほどおじゃましていたのであるが、私たちはどんな話をしたかまったく覚えていないのである。帰り際に、坂井先生から色紙を頂いた。「不撓不屈」の色紙である。

お礼を申し述べて帰ろうとした際に、奥様が「ちょっと眩暈《めまい》がする」と玄関に座り込まれた。そのとき私は「病院へ行く前にちょっと治療させてください」とお頼みした。実は、私は、七年前からアメリカで行なわれている「オステオパシー（徒手医学、手技療法）」を、日本に広める仕事を行なっていたのである。オステオパシーでは眩暈はどういう病理学かというと、頭蓋の各骨は呼吸と同時に微細な動きをしている。この動きの障害が側頭骨のどこかで起きると、側頭骨の内側にある「内耳の骨」が正常な動きができず、内耳の大切な機能である「平衡感覚」がうまく保つことができず「眩暈」が起きると説明する。奥様を寝かして頭を触って「触診」したところ、やはり側頭骨の動きが悪い。少し呼吸を調整していると

間もなく動きが戻ってきた。奥様に立ち上がってもらうようにお願いしたところ、「あら、よくなってしまったわ」とおっしゃった。このことで私は思いがけない幸運を得た。坂井先生に私たちを信用してもらえたし、講演会も引き受けてくださるかもしれないような雰囲気になったし、「また来てもよい」とも、そして「電話をかけてきてもよい」とおっしゃっていただいたのである。

オステオパシーに興味を持たれた坂井先生

それからというもの、私はほぼ毎週、木曜日の夜八時ごろになると坂井先生宅に電話させていただいた。世間話から、戦争の話、零戦の操縦の話など一時間近くに話すことも珍しくなかった。毎週の木曜日がくるのが楽しくてしかたなかった。

ある木曜日の電話の際に、坂井先生は「ぜひあなたに紹介したい内科医がいるので、私の家に来ませんか?」というお誘いを受けた。

その方は、春山先生といって私より一回りほど若い内科医で、「糖尿病」が御専門で坂井先生の主治医であった。彼は「今までの学校で習ったことだけでは多くの患者さんを救って

あげられないこと」を真剣に悩んでおられる数少ない患者想いの医者であった。その態度に、私はとても好感を抱いた。だから、坂井先生の「春山先生にひとつ〝オステオパシー〟を教えてくれないか」との提案にも、「どうぞ一緒に新しいことを勉強しましょう」と素直に言えた。

翌週から春山先生は、東京から大泉町までの約八五キロの道のりを車で週に一度、約一年八か月間、オステオパシーを習うためにやって来られた。実は、オステオパシーに興味を持っていたのは春山先生ばかりではなかった。坂井先生も、なんでこんなことが起きるのか、興味津々《しんしん》であった。私は、『大空のサムライ』を読んでうすうすは感じていたのであるが、本から感じる以上に坂井先生は、好奇心の塊《かたまり》であった。八〇歳になられても全然変わっておられなかった。坂井先生は「私がもう一五年若ければオステオパシーを勉強したい」とも言っておられた。

春山先生が東京から勉強に来られるときは、私は、実際の患者さんに協力いただいて、オステオパシーの治療を行なった。それを春山先生に見ていただく。始めは、春山先生も目を丸くしておられたがだんだん驚かれなくなった。三回目くらいのときであろうか。坂井先生が、春山先生の車に同乗して大泉町にやって来られた。私はすぐに坂井先生に診療所前の

「専用道路」をお見せした。まさしくこの道路を通って「V－103」は、ラバウルへ飛んで行ったのである。

坂井先生の脳内GPS

春山先生が大泉町にいらっしゃって雑談をしていたある日のこと、「巣鴨ってどっちの方角にあるのでしょうかね」ということが話題になった。疑問があったらすぐ解決したいので出した結論は、「O《オー》リングテスト」が使えないかということであった。「Oリングテスト」とは、アメリカ在住の日本人医師大村恵昭《おおむらよしあき》教授が開発した医学的な方法論で、私も以前会員になっていた。私の場合、「思考実験」以外には用いることはない。

今回は、春山先生に被検者になってもらい、「人間の骨格筋系が、特定の場所の方向や角度にどう反応するか」を調べようと思った。すなわち「巣鴨の方向に顔や両足が向いたら、指のリングの力にどう変化があるか」を調べるものであった。

この実験の結果、春山先生の場合、春山先生が巣鴨の方向に体を向けても、指のリングの力に変化はなく、巣鴨の方角に対して約九〇度ずれたところで力が弱くなって指のリングが

開いた。一般の人の結果は、私を含めて春山先生の結果と似ていると思われる。春山先生と私は、そのとき、「今の実験を坂井先生で試したら」というとんでもないいたずらを思いついた。春山先生も私と同じく茶目っけたっぷりな先生で、話はすぐにまとまり、坂井先生が次週大泉町に来るまで、このことは伏せておくことになった。

ラバウル航空隊の先任搭乗員であり、撃墜王の坂井先生にこんな申し出をしたら叱られないか？　という考えは確かにあった。けれども、今まで坂井先生がここ大泉町で見せてくれた好奇心の強さ、いたずら好きのそのご性格は、ラバウル以来変わっていらっしゃらないのではないかと私は思っていた。

翌週、そんなこととは知らない坂井先生は、春山先生の車で大泉町にいらっしゃった。さっそく私から坂井先生にお願いした。「自分の住んでいる場所の方向に向くと人間の骨格筋系がどう反応するかということに興味を持ち、先週、春山先生が被検者になっていただき調べたところ、巣鴨の方向とはかなり違った方角で反応が出ました。これが普通の人の反応だと我々は考えるのですが、坂井先生ならば、どういう反応が出るのか、知りたくなりました。被検者になっていただけますでしょうか？」と私は恐る恐る伺った。そうしたら意外や意外、「いいでしょう」ということになった。

患者さんの診察が一息ついたところで、診察室でその実験は行なわれた〈図2〉。まず、坂井先生を被検者に、「Oリングテスト」でいう間接法を用いて実験した。そのため女性の看護師を中間に立て、彼女の指で作る「指の輪」を検者である私が引いた。「巣鴨の方角になったら、アットホームな気持になりください」と申し上げた。東から西までの一八〇度を坂井先生に体を少しずつ回転させていただき、そのつど看護師の「指の輪」の力を調べていった〈図3〉。あるところで力が抜けて看護師の指が開いた。すぐそこで坂井先生の体の向いた方角に矢印を入れ記録した。次に私は「今度はラバウルの方向で同じことをやってください」と申し上げた。また、あるところで看護師の指が開いた。同じく矢印を入れ記録した。

結果から言うと、巣鴨の方向は大泉町から真南を起点とすると東に二四度の方角にあり、ラバウルの方向は、同じく大泉町から真南を起点とすると東に一六度の方角にあり、二つの実験で坂井先生の体が向いた方向を記した矢印はそれぞれ巣鴨、ラバウルの地図上の方角と一致した。先生は、結果には満足してくださった。以上の実験でどんなことが言えるのかは科学的にはよくわからないが、坂井先生の頭の中にまるでGPSが内蔵されているかのような一致ぶりに、われわれは、ただただ驚いた。

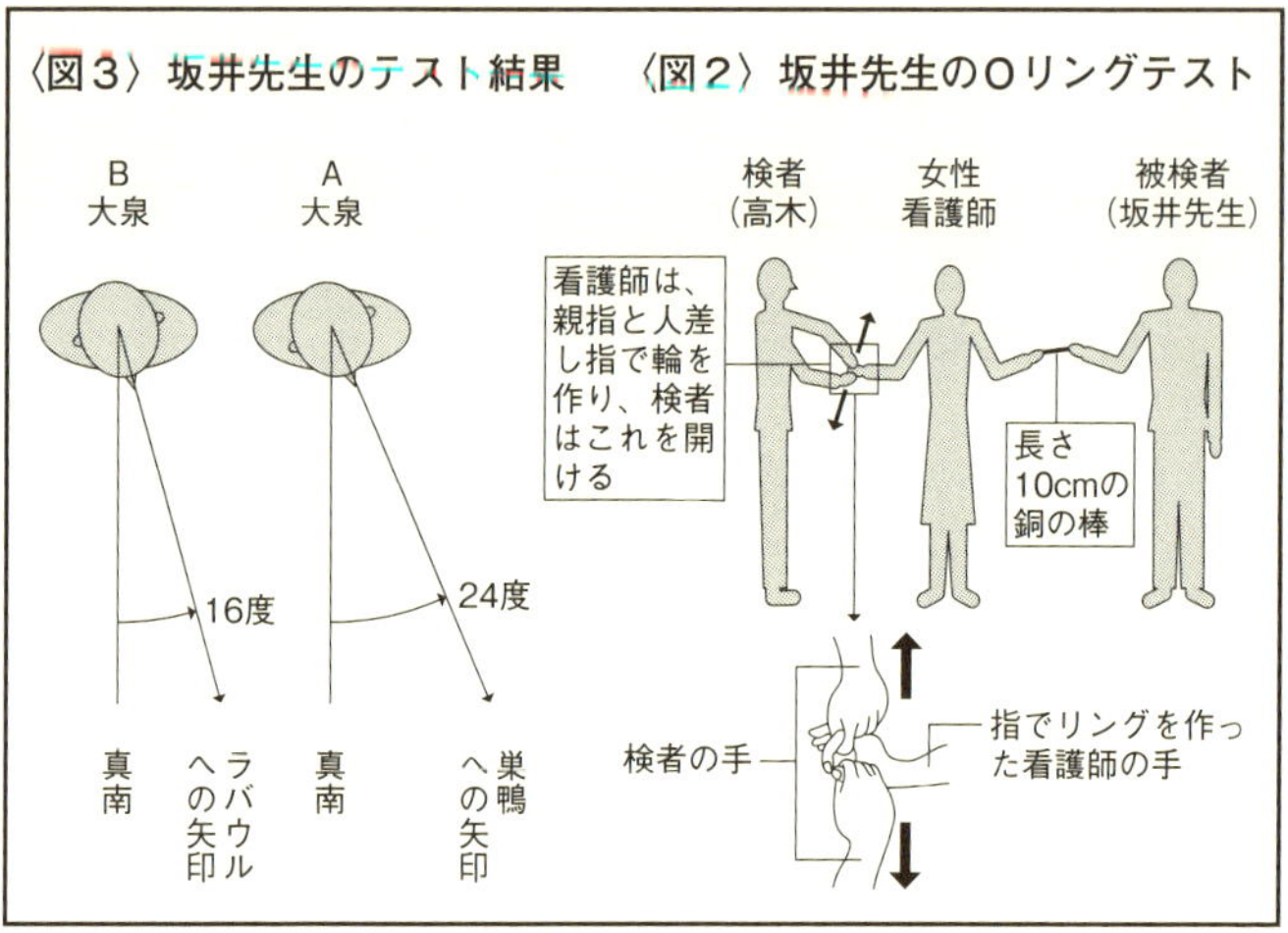

あの頃、世界一の航続距離を誇る零戦でも、多くのパイロットが未帰還となった。その中の相当数が航法の誤りによるところが多かったと坂井先生は語っておられた。今のようなナビゲーション・システムなどない時代の飛行機である。晴天ならまだしも、スコールに遭ったり夜になったりすることが太平洋の真ん中で起こったら、私などには現在地点すらわからないのだから、基地までどこをどう飛べばよいのかわかったものではない、完全にお手上げである。したがって、坂井先生の著書の中で太平洋戦争の初日、台湾から飛び発ちルソン島に敵基地を攻撃に行き、帰る際に豪雨に会ったときや硫黄島で特攻の命令をうけて飛び立ち空中戦のあと夜の硫黄島に戻ろうとしたときに、なぜ戻れたの

か、本を読んでいたときは皆目わからなかったが、この実験で、坂井先生の頭の中にある脳内GPSの謎のほんの一部がわかったような気がしたのである。

先生は、こんなことを語ってくださったことがある。「私は空に上がって、北の方向に飛んでいると、とてもリラックスした気持になるのだが、それ以外の方向だと、そわそわした気持になった」、「私の家の近くで、トンボが孵化《ふか》して空に飛ぶのを見たことがある。するとトンボは、まず、最初に〝北〟を向いて飛行した。生き物には、そういう本能があるらしい」と教えて下さった。坂井先生は、こういった小さい生き物に対しても常に観察を続けておられた。

坂井先生の昼間の星を見て自分の「目」を鍛えたのが意識的な努力である一方、それとは別に、われわれ人間の体にも本来備わっている「本能」のようなものを、先生はご自分で知らず知らずの間に鍛えていたのではないかと、今ではそんな懐かしい想像をしている。

（たかぎ くにひこ・高木整形外科院長／『零の会』会員）

「もう眠ってもよいか」

春山　勝

四年前に出会った坂井氏

太平洋戦争の開戦前から終戦となった後までも、幾度となく死地をくぐり抜けてきた坂井三郎氏の死はあまりに突然であった。

坂井氏は、平成一二年九月二二日、厚木にある在日米海軍西太平洋艦隊航空司令部の五〇周年記念祝賀夕食会に出席された後、気分の不良を訴えられ同日二三時五〇分、ついに帰らぬ人となった。私は坂井氏のファンのひとりとして、また主治医として四年間、坂井氏に接し、最後のときを見届けた者である。

幸いご家族の了承をいただいたので、当院の診療録を基に、当日まで坂井氏に何が起こっていたかを医学的な見地から、また最後の日に坂井氏が何を語ったかを、ファンのひとりと

して明らかにしたいと思う。

私の自宅から坂井氏のお宅までは一〇〇メートルも離れておらず、私は最も近い所に住むファンであることを自負していた。初めて住民検診のため坂井氏が当院を訪れたとき、あこがれの坂井氏が目の前に現れたことで手が振るえてしまったが、これは多くのファンの方にもご理解いただけることと思う。

驚いたことに、坂井氏の心電図および胸部レントゲン等は全く異常がなく、さらに皮膚の張りや血管の柔軟性も八〇歳の老人のそれではなかった。坂井氏と親交のあった若い多くの方が、いわば同年代の友人として接し、八〇歳の老人とは決して考えなかったことは無理もないことである。

坂井氏は精神だけでなく、その肉体も五〇代のままだったのだ。坂井氏は自宅を訪れた多くの講演等の依頼者に対し、いつも苦笑して「俺をいくつだと思っているか。八〇歳を過ぎた老人なんだぞ!」とおっしゃりつつ、依頼者が帰る際には自宅の階段の天井につかまり苦もなく何回も懸垂をして見せて、呆気にとられているわれわれを尻目にどーだ! とにやりと笑っていた。

坂井氏は定期的に当院で受診され、身体チェックを欠かさず受けていらっしゃった。その

年（平成一二）も九月初旬に健康診断のため当院で受診された。

その結果、血液生化学検査、心電図および胸部レントゲン等いずれも四年前の初診時と変化がなく、主治医としては安堵していたというのが正直なところであった。

八月の終わりに『朝まで生テレビ！』という深夜のテレビ番組に出演された後、一時腰痛を訴えておられたが、オステオパシーという米国の医師が行なっている手技療法を行ない、一週間ほどで腰痛は改善したので、深夜のテレビ出演が坂井氏に悪影響をおよぼしたとお考えの諸兄もいらっしゃることと思うが、主治医として、九月二二日にはその影響はなかったと考えている。

「容体が急変！救急車を」

一六時○○分、米西太平洋艦隊航空司令部より迎えの車が到着し、元気に車に乗り込む。私も同乗させていただいた。車中での会話を再現しよう。

「（一九八七年七月、ワシントン州シアトル市郊外にて）七○歳でプラスティック製の飛行機でスタントをやった。日本の総代理店を頼まれたが、売れるものじゃないよね」

「『日本を守る航空自衛隊』という看板が基地にあるのを講演に行ったとき見かけて、司令官に怒ったこと。国を守るのは国民の意志と政治であり、航空自衛隊は最初に外敵を壊滅すべく戦闘を行なうのが使命であって、この看板は大きな誤りである」

「日本の自衛隊の階級の呼称制度は誤っている。新聞では外国の武官を何と表現しているか。大佐は大佐と言うではないか。なぜ日本の自衛官だけが一佐なのか。これを変えないのはおかしい」

「米海軍は現在も軍としての規律と能力を維持していることは素晴らしい。ことに厚木基地には虎部隊と言って特に自分を慕ってくれている部隊があって、来週はそこからの招待がある。これはとてもうれしいことでぜひ行きたいと思っている。しかし、原稿依頼であるとか他の用事が多く、なかなか難しい」

「今の自分の使命は一一月に行なわれるワシントン州での戦没者記念式典へ出席することで、この式典には自分が撃墜した相手の関係者も出席するので何としても出席したい」

一七時三〇分、渋滞なく順調に厚木基地へ到着する。

一八時〇〇分、カクテルパーティー。お水を二杯お飲みになる。

一九時〇〇分、ディナー・パーティー。ウオルストロム司令よりこれまでの五〇年の叡智

を次の五〇年に繋《つな》げて行きたいという挨拶の後、来賓として坂井氏も紹介される。食事はステーキを選ばれ、半分以上召し上がった。

またデザートのケーキも召し上がった。お酒、ワインは全くお飲みにならなかったが、ディナーを楽しんでおられた様子であった。

二一時〇〇分、ダンスパーティーの時間となり、帰宅すべく入口まで歩いた所で、気分が悪いとおっしゃった。そのため、ソファーに横になっていただく。

血圧が触診で六〇㎜Hg以下のためショック体位をとり、外気功を行なうが効果なく、オステオパシーによる手技療法も効果がなかった。一過性の起立性低血圧症を考え、救急車を要請する。車中でただちに静脈を確保し、点滴を開始する。心電図モニターの波形から心筋梗塞ではないことを確認する。

二一時三〇分、綾瀬厚生病院着。ただちに全身検査を行なうとともに、治療を継続し血圧は若干改善する。心拍数は一分間九〇回前後と、特にショック状態を示唆するものではなく、正常範囲内であった。また血液中の酸素の量を表す動脈血酸素分圧も、正常範囲内であり、呼吸器系に異常がないことが示された。

このようにどの検査でも血圧が低い以外に異常所見がなく、当直の古市医師とも、この血

圧の低下は一時的なものであろうから、今晩は入院していただいて、明日様子を見てよければ退院とすることで意見が一致した。

しかし、脳梗塞の検査のためMRI（核磁気共鳴診断装置）による検査を行なう必要はあると判断した。なぜなら、仮に脳梗塞があったとしても一般的なCTスキャンではこのような超早期には画像として認められないことが多いことと、脳梗塞であった場合には、点滴内容を変える必要があったためである。坂井氏は病院へ搬送後もずっと意識があり、しきりに右手を上へ動かし、肩が重いことを訴えられた。そしてMRI検査のためレントゲン室へ移動する直前「もう眠ってもよいか」とお聞きになった。

私は明日には一緒にご自宅へ帰る心づもりだったので、「ゆっくりお休み下さい」と返答した。これが坂井氏の最後の言葉になった。

二二時〇〇分、MRIによる脳の検査を開始するが、検査中に呼吸停止となる。ただちに心肺蘇生および救命治療を古市医師と共に行なうが、自発呼吸は戻らなかった。

二三時五〇分、坂井氏は、急を知り駆けつけた長男の襄《のぼる》氏とウオルストロム司令らごくわずかな知人に看取られながら八四歳の生涯を閉じた。

二一世紀を前に突然の死

坂井氏はパーティーの席上でも「隣国間でトラブルが生じたときに、他人同士では戦争になることでも、それが親戚同士であれば最悪でも殴り合い程度ですみ、戦争にはならないだろう。日米の関係は過去のことより、これからが問題なのだ」とおっしゃっていた。

戦後五〇年以上が経ち、まさに新しい次の世紀が目の前まできたときに坂井氏は逝ってしまった。坂井氏の死因は急性心不全であった。

坂井氏は自分の健康のことよりも知人、友人のため私の所によく相談に訪れていた。そこに、坂井氏の人望の厚さの秘密を垣間見る気がした。

日々の雑事に追われていると、ときどきぽっかりと穴が空いたような気持ちになるときがあるが、坂井氏はいつまでもくよくよなさんな、と笑っていらっしゃるような気がするのであるがこれは欲目であろうか。

（はるやま まさる・春山クリニック院長）

初出：雑誌『丸』平成一二年一一月号

「大空のサムライ」との別れ

菊池征男

坂井先生が亡くなって三日目の九月二五日、近親者による通夜が密葬というかたちで行なわれることになった。なぜ三日後となったのか、その理由は長女の道子さん一家が、アメリカのテキサス州から通夜の席に駆けつけるには、それだけの時間が必要だったのである。

九月二五日の一四時一〇分過ぎ、潮書房・光人社の雑誌『丸』編集部の私と高城直一専務（現・社長）、南雲雅利取締役営業部長は巣鴨の坂井宅へ着いた。というのは、その日の通夜のため、ご遺体を豊島区の池袋駅に近い仙行寺へ移動させなければならない。納棺を終えると、我々は別便で仙行寺へ向かった。しかし、坂井家はどの宗派にも属していないということで、お寺の祭壇には坂井先生の遺影が飾られ、その後方には軍艦旗があしらわれ、それらを包むように白いカーネーションが色彩をそろえられていた。通夜の席には僧侶の姿はなく、読経も流れることはなかった。一人、一人に白いカーネーションが手渡され、それを祭壇に

手向けた。

近親者による仙行寺での通夜は、一〇〇人以上の人たちが集まって、一九時に終わった。その後、お寺の二階にある〝お清め〟の部屋で生前の坂井先生との思い出があちこちで語られていた。一九時三〇分頃、道子さんが夫の米陸軍少佐のテレンス・B・スマート、それに長女、長男を連れて到着した。一段落したあと、私は道子さんの家族のところへ挨拶に行った。夫のスマート大尉がこのたび少佐に昇進したという。私はジョークを含めて、スマート少佐《メジャー》に「ほんとのメジャー（アメリカの野球の最高峰はメジャー・リーグ）になったね」と言ったら笑顔で握手してくれた。

と、そのとき、誰かが「あっ、小町《こまち》さんが来た」と言った。振り返ってみると、大柄な体の小町定《さだむ》さんだった。私は席を立って小町さんの所へ向かった。

「ご無沙汰しております。いろいろお世話になりました『丸』の菊池です」

と言って頭を下げた。

「おお、しばらくぶりだね。坂井さんが突然こんなことになって、信じられんよ」

と言ったあと、坂井先生の奥さんである暖子《はるこ》さんや道子さんらに挨拶を交わすと、慌てるようにして帰って行った。この口、『零戦搭乗委員会』の会員で通夜の席に姿を見せたのは、

小町さんと吉田次郎さんの二人だけであった。というのも事情があって、坂井先生は『零戦搭乗委員会』から脱退していたのだ。二人が慌てるように帰って行かれたのが、私は悲しい思いにかられた。

当日の私の日記には「二一時三〇分頃、仙行寺をあとにする」と記しているから、一緒にいた鬼木真人『週刊プレイボーイ』編集次長（当時）、軍事ジャーナリストの世良光弘氏らとの飲み直しをすることなく帰宅したのだろう。

明けて九月二六日、仙行寺で告別式が行なわれた。時刻は一一時から一二時まで。密葬であったが、一〇〇人近くの人びとが参列した。米海軍厚木基地から米西太平洋艦隊航空司令部の大佐一人、中佐二人が参列していた。

告別式が終わると、坂井先生のご遺体を乗せた霊柩車は、新宿区落合にある落合斎場へ向かった。我々の乗ったバスもそれに続いた。斎場に着いて、坂井先生は荼毘《だび》に付された。その隣にはどこかの親分さんが亡くなったらしく、見た目でその筋の者とわかる人たちが手を合わせていたが、そのうちの誰かが「オイ、坂井三郎が死んだんだ」と言うと、我々のほうに四、五人の若い衆が来て合掌していった。

一三時五〇分に斎場の職員が「終わりました」と控え室に知らせに来た。そして、「不思

平成 12 年 10月 14日、東京・青山葬儀所で行なわれた『坂井三郎儀　お別れの会』には、一般の人たちが献花に訪れた。右側に写っているのが『零の会』のメンバーたち。

議なことに体のどの部分にあったのか私にはわかりませんが、金属片があります」と言う。そこで、私と現役の米陸軍少佐であるテレンス・B・スマートがそれを確かめに行った。細長く、ねじれた真鍮《しんちゅう》製の物だった。私が「これは機銃弾の一部だろう」と言うと、スマート少佐が、「間違いなく機銃弾だ」と言う。昭和一七年八月七日のガダルカナル上空で被弾した際の弾丸の破片がまだ頭の中に残っていたのだ。

坂井先生が元気なとき、「私の頭の中にはまだ弾が残っているような気がする」とおっしゃっていたことを思い出した。この弾丸は坂井家に現在も大切に保存されている。

それから一七日後の一〇月一四日、東京港区にある青山葬儀所で『坂井三郎儀　お別れの

『坂井三郎儀　お別れの会』には、全国から多くの坂井ファンが訪れた。写真左は列席者たちにお礼を述べる暖子夫人と長男の襄さん。同じく写真右は長女の道子さん。

会』が催された。日本全国から坂井三郎ファン約八〇〇人が駆けつけ、撃墜王との最後の別れを惜しんだ。

一方、葬儀所内では法社会学者の小室直樹氏（『大空のサムライ』を読んで、感動し、坂井先生宅を訪れ、談話を交わしているうちに坂井先生の生き方に感銘し、その後も奥様を連れてたびたび坂井家を訪れていた。二〇一〇年没）と格闘家の前田日明《あきら》氏（雑誌『武道通信』のインタビュアーとして坂井先生宅を訪れたあとも尊敬する〝サムライ〟として友好が続いていた）の二人が弔辞を読んだ。

それが終わると、出席者の名前が呼ばれ、葬儀所の関係者から菊一本が手渡されて、それぞれが祭壇に手向けた。その後、ジャズ歌手の田

中ショウリさんが『ラバウル航空隊』を独唱した。すべてが終了すると、長男襄《のぼる》さんが母暖子さんを支えるようにしてマイクの前に立ち、襄さんが親族を代表してお礼の挨拶をした。そのあと長女の道子さんが、日本語と英語の二か国語でお礼を述べた。

そして最後に、元大村海軍航空隊時代の教え子だった山中志郎上飛曹がマイクの前に立って号令をかけた。

「坂井三郎中尉、海軍航空隊を退隊されます。総員見送りの位置につけ、帽振れ！」

（きくち　まさお・『零の会』会長）

回想録　坂井三郎は、今も生きている

矢野昭雄

運命の出会い

坂井三郎先生との初対面は、とても衝撃的でした。〝あの日〟を今でも鮮明に覚えています。僕の人生を変えたとまで言える素晴らしい〝あの日〟なのです。

〝出会い〟、それはあまりにも偶然の出来事でした。それまでは、「坂井三郎さん」、「大空のサムライ」、「零戦の撃墜王」など僕には縁のないことで、無知であり予備知識など何もありませんでした。

「あの日」、それは一九八一年（昭和五六）五月、絶好のゴルフ日和でした。場所は埼玉県川口の浮間ゴルフリンクス。僕の友人が主催しているゴルフコンペに坂井先生は特別出場でした。先生はその日は朝からの用事を済まされてからゴルフに来られると言うことで、最終

東京都民ゴルフ場で。左が矢野昭雄氏、中央が坂井先生、右がゴルフ仲間の一人。ゴルフに関しても坂井先生は人知れず陰で猛練習を積み重ね、プロ級の腕前に達していた。

組になっていました。僕は初参加でたまたま同じ組になりました。何と言う運命の巡り合わせでしょう。古い格言に「袖が振れただけでもご縁があったと思ってお知り合いになりなさい」とありますが、袖どころではありません。それから意気投合して相思相愛の子弟関係になろうとは。坂井先生は六六歳。僕が三三歳のときでした。

先生の第一印象は、目がキラキラと輝いていました。あとで知ったことですが、右目は戦時の負傷で視力は0です。詳しくは後で述べます。そして日焼けしたお顔がキリリと凛々《りり》しいのです。身長はあまり高くないのですが、むだな肉（贅肉《ぜいにく》、太鼓腹など論外）はなく、見事に引き締まった体に太い腕。「うわッ、何じゃこ

りゃ」と正直思いました。そして、いつもニコニコとしていて、ウサギかリスが笑っているような童顔から、真っ白い歯がたまらなく素敵で可愛いんです。もし自分が女性だったらこんな人を恋人にしたいと思ったものです。

その次に驚いたことは、ゴルフが抜群にお上手です。それも理論的です。とにかくボールがよく飛ぶんです。アプローチもパッティングもプロ級です。何よりもゴルフが大好きなのです。週二回はコースに出ているということで、体力もけた外れに物凄いのです。

他流試合

先生の肉体はとても七〇歳前とは思えないほど実に若々しいのです。初めて巣鴨のご自宅にお邪魔したときの出来事は、今でも昨日のことのようにはっきり記憶しています。二階から軽やかな足取りで降りて来て、「おい、見とれっ」

そう言うや先生の体は、フワリと浮いているではないか。どうなっているのだ！　先生は涼しい顔で、ちょっと得意そうになんと「懸垂」をしているのです。ご自宅を建築時に大工に特注で作らせた海軍ゆかりの「蟬《せみ》」（後述）のように、体の鍛錬用に鉄棒が取りつけてあ

りました。初めて見たこの光景にとにかく度肝《どぎも》を抜かれました。

「やってみるか？」

「ハイ」

僕は鉄棒に挑戦しました。学生時代から運動部にいたので体力には多少自信がありました。

「先生、何回ぐらいできればよいですか？」

「君の歳なら二〇〇回はやりなさい」

「トホホ！」。頑張ってみましたが一〇回くらいしかできませんでした。ちなみに先生は、毎日三〇回を三本こなしているとのことでした。完全に脱帽です。

「蟬」とは旧海軍のトレーニングの一つで、垂直に立てた鉄棒によじ登り、腕だけで何時間も摑《つか》まって体力を鍛えたそうです。教官が「蟬のように鳴いてみろ！」と言うと、練習生はいっせいに「ミーンミーン」と鳴いたそうです。僕が下級生の頃、試合に負けた憂さ晴らしに電車の中で、吊り革にぶら下がってこの「蟬」をやらされました。伝統は引き継がれるもので、後日、後輩に「蟬」をしっかり鳴いてもらいました。

さて、このような鉄人先生とのゴルフは素敵でした。戦場はいつも東京都民ゴルフ場でした。ここは東京の足立《あだち》区新田《しんでん》にあり、環七《かんなな》の橋を挟んで一八ホールの河川敷パブリックコー

スです。先生はここの会員です。僕はビジターですが一日分の料金を支払うと、日没まで体力の続く限りプレーできます。先生とはいつも二ラウンド以上は当たり前で、真っ暗になるまでやったこともありました。

僕はいつもカメラを持参していて、よく撮影しました。西の土手の向こうに夕陽が落ちて、夕闇が迫る中でフラッシュをたいてカートを引いている先生の写真を、大きく引き伸ばしてパネルにしてお持ちしましたら、とても気に入って下さってご自宅の廊下にかけてあります。

ある夏の日のことでした。二人でいつもどおり二・五ラウンドめを回っていて途中の売店で、パンチパーマの五〇歳台の二人と遭遇しました。見知らぬ人でしたが、ここから一緒に回ろうということになりました。僕たちは別にだれと回ろうと気になりませんでした。二人は相当腕に自信があるようで、いきなり僕に「兄さん、だいぶやりそうだな、どうだい、一ストローク一万で握らないかい」と誘って来ました。「しめたっ。これは相当稼げるぞ」。リー・トレビノの心境です（注：リー・トレビノは、トーナメントに出る前のクラブ専属プロだった頃、生活が苦しいため博打まがいの賭けゴルフで食っていた）。

「先生、どうしますか？」とそっと聞いたら、師曰く、

「知らない人は後が面倒だから、お握りはダメだ！」

そんなわけで、実に残念でしたが、「すみません、お握りはしないことにしていますので……」とやんわりお断わりしました。お兄さんたちはとても残念がっていました。

それから、四人でスタートしました。始めはお兄さんたちはグリップの握り方とか、スタンスやゴルフに対する心構えなどずいぶんと蘊蓄《うんちく》を傾けていましたが、ホールが進むにつれて実力差が歴然となり、僕が三つへこませ、先生も絶好調で二バーディー、二ボギーのパープレーで回りました。始めずいぶんいきがっていたお兄さんたちは、がっくり肩を落としてしょげていました。そして「この爺さん、いったい何者だ」と呆《あき》れていました。

この二人と別れた後、クラブハウスでよく冷えたジュースで乾杯しました。とても爽快でした。このエピソードは、先生はとてもお気に入りだったようで、何年もことあるごとに自慢げに語り草にされていました。パンチパーマのお兄さん二人が、うつむいて肩を落として歩いている姿が、とても滑稽《こっけい》で「やったァ！」という気分でした。

また、いつものことですが、バッグを担いでクラブハウスにたどり着くと、職員はすでに帰り支度を終えていて、僕たちを見つけると「坂井先生が戻って来た。さて、帰ろう」。こんな会話が弾んだものでした。先生とはいつもこのような楽しいゴルフをやっていました。

マドンナ、アメリカへ行く

坂井先生は、かつての太平洋戦争で海軍の名機「零戦」に乗って中国や南太平洋で大活躍された名パイロットでした。空中戦では、3Gや4Gの重力の中で相手と殺《や》るか殺られるかの死闘です。殺られたほうは「死」。たった二、三秒の出来事ですがお互い必死です。欧米では五機撃墜すると〝エース〟の栄誉が与えられ〝エース会〟に入れます。坂井先生の撃墜数は〝六四機〟、世界的にいえば〝エース中のエース〟です。それと凄いことは、左右に二番機、三番機を従えて三機編隊で空戦に入るのですが、毎日のように繰り広げられた激戦で、たった一機の部下も失ってないことです。三〇〇〜五〇〇キロ／時のスピードの中で生死を賭して敵機の数、機種、位置、編隊、後方や下方の敵機の確認などを瞬時に判断して闘いながら列機を守り抜いたのです。まさに神技です。偉大なのです。

僕の父は予科練出身です。海軍航空隊の予科練習生として難関を突破して、パイロットの卵として毎日訓練を受けていました。滑走路を離陸するとき、プロペラの回転の関係から左方向に走るので、飛行機が真っすぐ進まなくて教官からずいぶん叱られたそうです。

夜には教官の最前線での闘いぶりの話に聞き入ったそうです。「名パイロットになると敵機に後ろにつかれてもちっとも慌てない。そして、敵が機銃をぶっ放す瞬間を予測でき、撃って来た瞬間に飛行機を斜めにスーッと滑らせて弾を避けるのだ。飛行機を斜めに滑らせるには、スロットルを絞りながら、右足はこう……、左足を反対にこう……、操縦桿をグイッと、こう……」。ひよっこの父たちは、教官の話に聞き入ったそうです。寝床に入っても、「ああだろうか、こうだろうか」と考えると寝られなかったそうです。無理もありません、早く一人前のパイロットになりたいのですが、まだ真っすぐ飛ぶこともできないのですから。そんな新前パイロットの大半は、終戦まぎわには特攻隊として敵艦目がけて突っ込んでいったそうです。しかし、父は内臓の病気で病院送りになり、そこで終戦を迎えました。

ある日、実家で父と一杯飲みながら雑誌『丸』を見ながら飛行機の話になったとき、元零戦パイロットの坂井さんとゴルフへ行くことを話した瞬間、それまでくつろいで酒を飲んでいた父が、正座し直して背筋をピンと伸ばして真顔で問いかけて来ました。

「元零戦の坂井さんって、もしかして坂井三郎さんか?」

「そうだよ」

父は数冊の本を持ってきてページを開いて、「この人か?」と写真を指差しました。それ

は坂井先生の写真です。

「どうして坂井さんを知っているのか？」

僕は出会いから今日までを順を追って説明しました。先生がそんなに有名だったことに、僕は恐縮し驚きました。先生はちっとも偉ぶった素振りはされません。当時、父は北区王子に住んでおり坂井先生のご自宅の巣鴨までは都電で一五分ぐらいの所でした。何回誘っても頑として会いに行こうとはしませんでした。よくよく聞いてみますと、

「恐れ多くてとてもお会いなどできません」

とうとう一度も面識はありませんでした。父は大正一四年生まれですから、歳は先生より九つも下です。予科練のひよっこと最前線のエース中のエースでは〝月とすっぽん〟で比べものにならないのです。まさに坂井先生は「大空のサムライ」なのです。僕には戦争の経験がありませんので、このあたりのことは理解できません。体育会系の上下関係よりもっと心の奥深い何かがあるようです。

太平洋戦争で日本が戦ったのは連合国、主にアメリカでした。戦後そのアメリカにマドンナ（長女道子さん）が留学することになり、アメリカの元パイロットの家に日本人をホームステイさせる財団の日本側の窓口として、坂井先生がお世話することになりました。道子さ

んはやがて日本とアメリカの橋渡しをする大切な役割をすることになります。

即、入院せよ！

一五年ほど前のことですが、先生から本気で叱られたことがあります。脱サラして会社を作ってがむしゃらに頑張っていたとき、接待も忙しくて暴飲暴食が原因で糖尿病になってしまいました。別に痛くもかゆくもないのでほったらかしにしていました。そうしたら徐々に悪くなっていき、喉は乾くし、甘い物は欲しがるし、だるくてすぐ横になりたいのです。そんなある日、先生に病気のことがばれてしまいました。

「あきお、お前どこか悪いのでは……」、「はあ、実は糖尿病……」。

事情を説明し終わってからです、先生からこっぴどく叱られました。親でも親戚でもないのですが、心底、腹の底から叱られました。

「自分の体を大事にしない奴は、嫌いだ。これだけ言ってもわからないなら、二度と出入り禁止だ！　即、入院しなさい！」

今までこんなに叱られたことはありませんでした。しぶしぶ翌日病院に行きました。受付

を済ませて「内科」の前で順番を待っていたときのことです。初老の男性が足首を包帯でぐるぐる巻きにして松葉杖をつきながら歩いて来ました。そこで、隣に座っていた人に小声で聞きました。「あの人はどうしたのですか?」、「壊疽《えそ》と言って、糖尿病で足が腐敗してしまったのです。早く切断しないと手遅れになってしまうのです。エノケン(榎本健一・故コメディアン)がそうだったでしょう」

「あーそうですか。怖いですね」。足を切断したらゴルフができなくなってしまう、と呑気に考えていると、次に五〇歳ぐらいのスーツを着た紳士が、息子さんらしき人の肩に手を乗せて歩いて来た。また隣の人にこっそり聞きました。「あの人はどうしたのですか?」、「糖尿病から失明したのだよ」

あーそうですか。失明してしまったらゴルフができなくなっちゃうよ。糖尿病って怖いんだなあ。と、そのとき診察室の中から「矢野さん、どうぞ!」

先生の前に座るやいなや、「先生、すぐ入院したいのですが……」。

そして翌日入院。その病院は一か月ほど待たなければ入院できないのですが、僕の症状はかなりひどかったようです(このときの空腹時血糖値四四六㎎/dL。正常値が八〇~一〇〇㎎/dLと言われましたから、異常に高かった)。坂井先生に本気で叱られなかったら、いつ

までも入院しておらず手遅れになっていたことでしょう。

入院中に先生は、何度もお見舞いに来てくださいました。でも僕は暇だったので、毎日のように〝脱走〟して病院の近くのパチンコ屋に行っていました。

ある日、いつものように大きな紙袋に〝戦利品〟を入れて戻って来たら、突然後ろから大きな声で、「こらーッ、真面目にやらんかい‼」。振り返ったら、そこに坂井先生が鬼の形相で仁王立ちしていました。退院してから何年もこのときのことを言われました。

「あきおのやつ、わしが見舞いに行ったら、いつもパチンコに行ってやがって」

しかし、ここまでなら普通の人です。先生はここからが一味違うのです。パチンコ屋の名前をしつこく聞かれました

「それにしても、その店はよく出しているなあ。わしも今度行ってみよう」。

実にユーモアと愛嬌があるのです。茶目っ気たっぷりです。

試合に出る

今日は久しぶりに坂井先生からお誘いいただき都民ゴルフ場に来ています。木曜会（毎週

木曜日にここでゴルフをする常連さん）のメンバーが誰かお休みすると、代役で僕が呼ばれるのです。二番ホールへ向かう環七下の長ーいインターバルを歩きながら先生との会話。

「最近、こちらに来ないと思ったらよそで変なことしてるらしいな」

凄い地獄耳なのです。何のことかと頭をくるくる回転させていると、続いて、

「新聞に名前が載ったんだって？」

はて、いよいよ何のことかな？　銀行強盗の一件がばれたかな、なんて冗談に呑気なことを考えていると、

「優勝したんだって？　そりゃ凄いことだ。そんなよいニュースは電話よこしなさい」

あーそうか、ゴルフの県予選のことか。それにしても情報は早いなァ。予選を何とか無事に通過しただけなのに、優勝したことになっているとは、噂はオーバーだなあ。

さて、体力的にはまだ回りたいのですが、太陽はすっかり西の土手の向うに落ちていて、お名残惜しいのですが、もうすぐ終わりです。

「先生、今のはナイスパットでしたね」

「ああっ、狙って必死で入れたよ。まだまだ捨てたもんじゃないだろう。ところで道子が彼と一緒に帰って来ているので、遊びにおいで」

「はい。でも彼って？」

「テレンスだよ。ＡＲＭＹだよ」

ＡＲＭＹって？　アメリカ人？　彼は日本語できるのかな？　大丈夫かな？　頼むぞ！

（注：ミスター・テレンスに初めてあったときの印象は、とにかく格好いいのです。背が高くてハンサムでとても優しいのです。ジェントルマンで好青年なのです。トム・クルーズと鉢合わせしたらこんな気持ちになるのだろうなあ。道子さんのハズバンドになる人だと思っているので、もうたじたじでした。僕が勝っていることは、年を多くとっていることと日本語が上手いことぐらいしかない。あまり威張れない。テレンス君、今度日本に来るときは、もっと日本語をマスターしてきて欲しい。頼んだよ）

「先生、いよいよ最終ホールですね、今日はちょっとアゲインストですが、どんなふうに攻めますか？」

「わしは、右の土手にコンコンと当てて、グリーン近くまで行ったらテキサス（ウエッジ）でねじ込むよ‼　おう、よーく見ておけよ！」。

〝カキーン〟

「ナイスショットッ！」

ボールは予告どおり右のコンクリートの土手に向かってスライスしながら勢いよく飛び出していった。そして、なんとグリーン手前のラフで止まった。ラフの中から愛用のパターで強引に〝コーン!〟、約一五メートル先のカップに向かってボールが転がる。

「おおっ、入るぞ!」と周囲の声。「まさか!」、通常ならラフの中からはサンドウェッジでアプローチするのですが、先生はいつもパターを使います。

「これが一番安全なのじゃよ!」

ゴルフでも何事でも合理的です。傍若無人、奇想天外などと人は言うかもしれませんが、我が道を行く人です。ボールはわずかに外れてカップを少しオーバーしましたが、難なく返して入れました。

「先生、ナイスバーディー! お見事でした!」

「おう、サンキュー!」

＊寄り道①――何でも袋

先生はゴルフのとき、変てこな袋をプレゼントしてくれました。二〇センチくらいの四角い布袋です。すべて手縫いで口には紐《ひも》が通してあります。「ドラえもんの〝何でも袋〟と同

じで、何でも入れておくと便利だから、使うとよいよ」と言ってくれました。毎回くれましたので、たくさんあります。そのつど布が違います。なかなかの出来映えです。布がちょっと地味なことを除けばね。

「先生、この袋どうしたのですか？」

「……」

お返事がありません。後日、先生宅のリビングでお茶をいただいているとき、奥様から、

「矢野さん、主人がいつも変な袋をあげているようで、ご迷惑でしょ？」

「とんでもございません！」

「あれはね、主人の手作りなんですよ」

「先生がご自分で縫っているのですか？」

「針と糸をこうやって……、まだよく見えるようですわ。頭と手先の訓練によいからって……あげる人のことを『あきおのやつ、ちょっと面倒見てやらんと不精で駄目じゃ』なんて言いながら器用に縫うのよ。私なんかとても縫えないのに……」

あー、そうだったのか。先生は丹精込めて縫ってくれてたんだ。変てこな袋だなんてどうも失礼しました。

掘った芋弄るな！

先生はアメリカに行ってくると必ず珍しいことを教えてくれます。今回はジョン万次郎風の英会話となりました。まさか、道子さんが教えているとは思えないのですが。

「あきおよ、海軍では腹時計というものがあって、腹をボンボンと叩くと正確な時間がきっちりわかるように訓練したものだよ。さあ、やってみよう。今、何時かな？」

「一二時ちょっと過ぎです」

「それではよいパイロットになれないよ。わしに聞いてみろ！」

「先生、今何時ですか？」

「掘った芋弄《いもいじ》るな！」と言いながら、先生は右手で自分の腹をボンボンと叩いて、

「今は、一二時一七分だ」

「ずいぶん正確ですね-、本当ですか？」

「わしは海軍でずいぶん鍛えてあるから正確なのだ」

「先生、このコントは二人で何十回もやってますよ」

「わっはっは。そうか！」

この話の種明かしをします。先生は、どなたかにプレゼントされた針式の丸い時計がお気に入りで、ゴルフのときは欠かさずベルトにつけています。先生は海軍式腹時計と称して、腹をボンボンと叩きながら、密かにこの時計を見ていたのです。何年もこのコント（ギャグ）をやっているのですが、先生は実にこの儀式がお気に入りなのです。

それにしても、「今、何時ですか？」と時間を訊《き》くのにジョン万次郎の時代に戻って「掘った芋弄るな＝What time is it now?」とアメリカで教わってきたのです。

お次は、ロサンゼルスのレストランに行って「綿（わた）、プリーズ！」だって。何の意味かわかりますか？（綿＝water。ただし、実際にジョン万次郎が著した英語辞典の発音法ではwater＝〝わら〟）

「アメリカで〝ウォーター〟なんて言ったって、水など持って来ないよ。〝わた〟と言うのだ。日本の教育はけしからん！　何年勉強しても、英語が使えないだろうが。〝ディス・イズ・ア・ペン〟なんて二歳の子供でも言わない。〝アイ・アム・ア・ボーイ〟なんて言ったら、腕がおまえの太股くらいある大男にホテルに連れ込まれるぞ。それは、〝私はホモかゲイです〟と言いふらしていることになるのだぞ。日教組や教育者は、怠慢でたるんどる。使

えもしない英語の何を勉強させているのかのォ。主語とか動詞などという組み合わせを考えるから会話にならないんだ。お前みたいに〝くそ度胸〟があればちょっとは使えるかのォ」

「くそ度胸ですか?」。久しぶりに誉められた。だけど自分の英会話がいつ……。あ、そうかッ、先生のお宅でテレンスと汗をかきながら話したときか? 俺のブロークン英会話もまんざらではないわい。滅茶苦茶《めちゃくちゃ》だけどなあ、〝くそ度胸〟か、いい言葉だ。

マドンナは、ベーリーロマンティスト!

二〇〇一年八月四日(土)、道子さんから電話があり、坂井家へ行った。

マドンナ・道子さんは亡父のお墓参りのため単身で帰国しており、明日ハワイに帰るとのことなので、何が何でもお逢いしたくて夕方お邪魔した。先日会った際、僕が書いた坂井先生を偲《しの》ぶ『回想録』に目を通してもらったら、何箇所か訂正の指摘を受けたのでさっそく書き直して持参したのです。また、アメリカでの坂井先生の生活ぶりが断片的だったので、いちばんご存知の道子さんに依頼したところ、快く書いてくださることになった。

「いいですけど、私はとても忙しいのでいつまでと期限ははっきりしませんわよ」

「それで結構です。それからノーギャラですよ。それとあまり難しい内容にしないでね。対象は若者ですよ」と注文をつけた。そしてここまでの『回想録』のプリントを封筒に入れて渡した。彼女はいつもの手慣れた作法でその場で封筒を開けて中を確かめようとしたとき、封筒の僕のメモが目に入り、じっと読んでいた。メモにはこう書いてあった。

「Dear Mrs．Michiko S.Smart　機内で時間を止めてゆっくりご覧下さい」

読み終わると、封筒を胸にして両手でギューッと抱きしめながら（封筒の奴いいなァ。羨ましい、かわってもらいたい。なんて考えているとと彼女の声が聞こえて来た）

「そうね、今すぐ読みたいと思いますが、飛行機の中でゆっくり読ませていただきます。とてもロマンティックですわ」

〝ロマンティック〟なんて粋な言葉は、ＣＣＢのヒットソング（『Ｒｏｍａｎｔｉｃが止まらない』）以来の響きであり、日常生活ではすっかり忘れていた。彼女から発せられたその言葉はとても心地よく受け入れられた。また逢えることを誓って、

「ハワイにおいでのときはご連絡下さい。いろいろご案内致しますわよ」

「OH! Thanks. So－long. Bye－bye」。お元気で！　心を込めた挨拶を済ませ別れた。

しかし、なんと彼女は翌日入院した。

飛行帽、アメリカへ行く

道子さんの入院の原因は「過労」だった。ハードスケジュールでずいぶん無理したのでしょう。ハワイの家族のもとに帰る前の晩に倒れてしまった。帰国は延期となった。

八月一一日、道子さんは、まだ完治していないが急遽退院し、本日、単身にてハワイへ旅立つ。

翌一二日、坂井先生の奥様・暖子《はるこ》さんと親戚の橋本カズエさんほかのご一行は、テキサス州フレデリックスバーグのニミッツ博物館に、坂井先生が、ガダルカナル上空で被弾した際に装着していた飛行帽とゴーグルを永久寄贈するためアメリカへ出発した。

坂井先生は、発明家!?

坂井先生は大変なアイデアマンで発明家でした。研究熱心でとてもマメでした。世に出てない作品もたくさんありますが、その一部をご紹介します。

①セキュリティーは万全！

玄関前には明治神宮の境内のように玉砂利が敷いてあります。ギシッギシッと実によい感触です。玄関横を通り過ぎると右手に物品庫、左手に手作りの物置（おそらく数年前に先生がせっせと作られたものだと思う）があります。そこまで歩いて行ったとき、突然、先生が「気をつけろ‼」と、叫びました。立ち止まってあたりをキョロキョロ見まわしましたが特に異常は感じられませんでした。ただ手作りの物置の波板の屋根の上に不釣合いなジョウロが置いてあるのに気づいたので、それをじっと見ていたら、「そうだよ、よくわかったな」

そのジョウロには仕掛けがしてあり、目一杯に水が入っていて、取っ手のところから透明な釣り糸が右手の物品庫の塀の下方にピンと張ってあったのです。

「変なやつ（たぶん泥棒のこと）がここを歩くと、釣り糸に引っかかって頭の上からジョウロの水が落ちてくるんだよ」

その先の足元に、塩ビの波板が重ねて敷いてありました。「ここを歩くとギシギシ音がするのですぐわかるのだ」。これも変なやつ（泥棒）避《よ》けのセキュリティーなのです。「うわーっ、まるで忍者屋敷みたい！」

②実用新案どうじゃろう？

応接室のソファーに座っていると、玄関側のドアが開いて、「おい、こっちにおいで！」、「はいっ」（先生宅の応接室には二か所にドアがある）といって追いかけるように廊下に出たが、先生の姿はありません。

「おい、こっちだよ！」

声はするが姿が見えません。もう一度

「おい、こっちだ‼」

声の方を見上げると階段の上から、リスのような可愛い顔で呼んでいました。すばしっこいなあ、いつの間に上がったんだろう。先生は二階のトイレのドアを開けながら、にこにこした顔で「これを見てごらん！」。トイレ内はわりとゆったりとしていました。洋式便器に三角タンク（はて、何かな?）。「このペーパーホルダー、どう思う?」。プラスティックのホルダーの真ん中に横一センチ、縦三センチくらいの縦長の穴が開いています。

「ホルダーのぎざぎざがペーパーに重なっていると、次に使うときどうするのかな？　左手でホルダーを持ち上げて右手で紙を取ろうとするじゃろ。そこでここに穴があいていたら、人差し指一本でチョンチョンと紙を出せるだろ。どうじゃ。これはヒットすると思うよ。日本全国に売ろう！」。「はい、考えておきます」（僕はあまり乗り気ではありませんでした）。

先生はとても几帳面で、あるべき場所にちゃんとないとだめなのです。しかも一ミリでも曲がっていてもだめなのです。あるべきところにはキチンとあるべきなのです。これは絶対なのだ‼　だから、坂井家ではトイレットペーパーがだらしなく垂れ下がっていることなどありえないのです。

③「わしのも臭いッ‼」

続いて一階のトイレのドアを開けながら、

「ここなんだが、ひとつ臭いをこの排水口に入れるように考えてくれないか？」

「それは無理です、例え先生の臭いでもしばらく空気中に漂ってから上昇します。床の排水口には入りません」

「そうか、それではどうするかのォ」

「トイレ用の脱臭器がありますよ」

「それはすぐ裏の人に申しわけない」

「それでは僕が持っている空気清浄器を使いましょう、すぐに持って来ますよ」

空気清浄器をセットしてからの後日談。

「先生、清浄器の具合はいかがですか？」

「あれか、婆さんが腰がスースーして嫌だって。風邪引いちゃったって！」

不評であった（笑）。
④穴あけせよ！
「あきお、ちょっとおいで！　今、婆さんが出かけてるんだ」（何かあるぞ！）

「はい、すぐ伺います」

「ここに穴を開けようと思うができるか？」

ここと は、二四畳のリビングルームのフローリング。その床にゴルフ用の穴を開けようと言うのです。大変だ！　奥様に叱られるぞ！

「かまわん！　わしの家だ！」

言い出したら聞かない人なのです。絶対やりたいようです。

「はい、わかりました。すぐやりましょう」

一〇八ミリの丸い穴を見事に開けました（君は何やつだって？　僕は建築屋です）。

このあとが先生の凄いところなのです。後日、

「あきお、床下に潜るので手伝ってくれ！　それから作業服ないか？」

「どうしました？」

「ボールが床下に落ちるからダメだ！」

穴にボール受けの容器をつけようというわけです。会社のつなぎの作業服を持って行きました。左胸にはしっかり社名入りです。それで二人で床下に潜り、先生は針金で缶を見事にぶら下げました（なかなかやるわい）。しかし、問題は蓋ができないことでした。これには二人でああでもないこうでもないと知恵を絞りました。奥様は怒っていたのでしょうが、すっかり諦めていました。知恵を絞って四か所に蓋の受けを取りつけました。

その後先生は、蓋の真ん中に紐をつけて、持ち上げやすく改良していました。先生は何事にも真剣に取り組みます。とても研究熱心なのです。創意・工夫が先生の本質です。

それからつなぎの作業服は、ずっと先生がお持ちになっていて、よく「わしを作業員に雇ってくれ、日当は少々高いけどな」と言われましたが、そのつど「先生の日当は払いきれませんから、雇えません」とお断わりしました。

＊寄り道②――西瓜と冷蔵庫

先生は、果物がとても好きでした。西瓜《すいか》も好きでした。こんなことがありました。

誰かがお土産に気をきかせて大きな西瓜を丸ごと一個持って来ました。先生から電話があ

って、「まいったよ。西瓜は好きだけど、婆さんと二人だろ。食べきれないよ。小さく切って冷蔵庫に入れてあるが、冷蔵庫が西瓜だらけだよ。毎日食べてたら腹が下ってきたよ。俺を殺す気か?」ですって。

＊寄り道③——プレゼントについて

僕の友達に初めての子供が生まれたとき、これがよいとめいめいが考えて品物を選んだのですが、品物がダブッてしまいました。ベビーベッド二台、天井にはカラカラが三個。実ににぎやかです。先生にこの話をしたら、

「だから日本人はだめなんだ。アメリカでは絶対そんなことにはならない。アメリカ人は、〝プレゼントするけど何が欲しい〟と聞くんだ。そしたら何々が欲しいとリクエストするんだ。実に合理的なのだ。それが当たり前だよ」

先生にはいつも教えられました。先生はお酒は召し上がらないのに、お酒を贈ってひんしゅくを買ったり、食べきれないほどの西瓜をお好きでしょうからと言って持って来たり、よかれと思って勝手に品物をプレゼントしたりということがよくありました。僕はこのことを聞いてからは、このルールをよーく守っています。好みでないものを贈るほど失礼なことは

ありません！

目が見えた！

「あなた、坂井先生からお電話ですよ」

「はい、矢野です」

「おい、目が見えるようになったよ」

「そうですか、よかったですね」

「よく見えるんだ、世の中明るいね。久し振りに、都民（ゴルフ場）に行こうか？」

「行きましょう。でもすぐはだめですよ。少し安定してからにしましょう」

「それなら、（巣鴨に）おいで」

坂井先生は、いよいよ目の手術をしたのです。諦めていた長年の夢がかないました。

先生は、〝目〟に関しては人一倍シビアでした。戦争中は日中、飛行場の芝に寝転がって〝紺碧の空〟の中に凡人には夜空にしか見えない〝星〟を見る訓練をしたり、はるか数キロ先に誰よりも早く敵機発見、増槽を落とし、バンクを振って「太田よ、本田よ、俺について

来い！」と敵機目指してまっしぐらに突進して行きました。搭乗員にとって〝目〟は命なのです。一瞬のうちに、敵の位置、機種型式、数、自分との距離、角度、味方の体制、後方確認、計器類、燃料、弾倉のことなどなど、何一つ見逃してならないのです。それらはすべて〝目〟からの情報を瞬時に判断し分析し作戦を練り実行するのです。少しでも敵に劣っていると、即、殺《や》られます。それは〝死〟です。戦いはたったの一秒か二秒で決するのです。

「格闘戦に持ち込んでションベン弾を撃ち合っているのは、体力のむだづかいである」

後日談ですが、先生のもとに全国のファンの方からいろいろな物が送られて来ました。中には、ぜひ見て欲しいとアメリカ側が撮影した当時の空中戦闘場面のビデオテープが送られて来ました。一緒に見ているうちに「ほら、下手くそが。ああ、だめだ。ほら殺《や》られた。こいつは何やってるんだっ！　目の前の敵ばかり追いかけてるから、ほら、後ろから殺やられた。ああもう見たくない。消してくれっ！」

新米のパイロットが次々に殺られて、その度に零戦は火を吹きながら、落ちて行く場面ばかりにうんざりしていました。先生がいちばん嫌っていたのは、「不注意や無用心なやつはばか者だ。命がいくつあっても足りないのだ」。そんなときは決まって不機嫌でした。

〝目〟はとても大切にしていました。四度の負傷、特にガナルカナル島上空での被弾は、大

変な負傷でした。あの状況で四時間以上も飛び続け、ラバウルに何とか帰還し、片足一本で立ったまま報告し終わると気絶したそうです。この責任感、根性、生への執念、誰にも真似できないことです。そして内地送りとなり、海軍横須賀病院で目の治療を受けました。

その間、坂井先生の誕生日の八月二六日に、笹井中尉が戦死しております。先生の心中は何とも複雑で、実に悔しかったことでしょう。

坂井先生の〝目〟については、長い間間違った情報が入り乱れているので、一本ずつ紐解いて行きます。

二〇〇一年八月四日、僕は巣鴨のご自宅の応接室で道子さんと向かい合って座っていました。

「遺族を代表して言っておきます。父は決して義眼ではありませんでした。ですからこの部分は訂正して下さい」

僕の『回想録』を読みながら、道子さんがきっぱりと言った。

僕は長い間、先生から右目は義眼だと教えられていた。

「よく見てごらん、わしの右目は義眼なのだよ」

僕は目と目がくっつくほど顔を近づけて先生の右目を覗きこんだのですが、全くわかりま

せんでした。義眼とは、テレビドラマの『刑事コロンボ』のピーター・フォークしか思い浮かびません。それに今回の手術は、左目の白内障の手術と聞いていたのですが、実際には右目の手術でした。

「とうとうわしも目の手術をしようと思っている」

「目の手術ですか？」

「そうじゃよ。白内障でよく見えないのだよ。そう言えばお前は白内障の手術をしたのだったな。それでどうじゃ。よく見えるか？」

「ハイ、とても、先生の小じわまでよく見えます」

「お前はその一言が多いのだ。それがなければいい男になれるんだがのォ」（また、叱られた）

「もう、病院は決められたのですか？」

「いろんな人が紹介してくれて、○○が日大の付属病院がよいって、◇◇は帝京がよいって言ってくれている」

「帝京は、安部教授が世間を騒がせていますね。」

「あそこは近くてよいのだけど……」

「ところで、お前の病院はどうじゃ！」

「駒込は△△大学系統で、眼科の山本先生は、日本で五本の指に入る権威だそうです。病院の正面入り口のバスターミナル付近は眼科なのですが、いつ行っても患者でいっぱいです」

「わしもそこに紹介してもらおうかな？」

「いいですよ。いつでも連絡できますから。坂井先生は有名だから執刀した先生も鼻高々でしょう」

白内障の手術に関しては、唯一僕が先輩なのです（あまり威張れることでもないが）。

再び道子さんが言いました。

「父の目は視力〝0〟ではなかったのよ。ほんの少し明るさを感じるくらいだったそうです。だけど見える状態ではなかったのですから、一般的には視力〝0〟と同じですわね。ラバウルで負傷して内地に帰って来て、横須賀海軍病院で目の治療を受けたのですが、当時は今ほど医学が発達してなくて、瞼を動かせるくらいには回復したのですが、父はすっかり諦めていました。それにしても現在の技術は凄いわね。何十年も昔の弾丸なんかの破片を一つずつ取り除いていって、よーく見えるようにしちゃったんですから。右目が落ち着いて、ちゃんとなじんだら、今度は左目の白内障の手術をやるぞって言ってたのよ」

頼りの左目が、白内障で曇ってよく見えなかったのでしょうね。辛かったでしょうね。先生は一言も言わないから、全然知りませんでした。白内障は誰でもかかる病気ですが、実際にかかってみると実に辛いものです。目が見えていた人が見えなくなったときは、とても辛いし、不自由です。

僕も白内障がひどくなってきたとき、日差しがまぶしくて、サングラスをかけるようになりました。ゴルフをやっていても、グリーンの方向が見えなくてわからない。グリーンに乗ってもカップが見えない。そんなとき、先生から「おまえどこか悪いのだろ。即、入院しなさい」と叱られたわけです。こんな状態のある日、先生からアドバイスをいただきました。

人差し指と中指を真っすぐ伸ばして、横にして目に平行に近づけて、「指の間から見るとよく見えるよ」

すぐやってみました。「本当だ！　よく見える」。先生は何でもご存知なのです。

「もう眠ってもよいか？」

坂井先生宅の居間の神棚には、戦友たちの写真とともに使いきった一握りのボールペンの

束があります。

この五〇年、日本人があの戦争に目をそむけ続ける中、先生は誰よりもあの戦争を見つめ、日本の未来を思い、愚かな戦争と言われるあの時代において、あの時代の若者たちが何を考え、どう戦い生き抜き、そして死んでいったのかを半世紀にも渡りペンを取り、僕たちに語り続けてくれました。あの戦争の結果、国家と民族の運命に大きな変革をもたらした〝決してむだ死にしたのではない〟若者たちの姿をこの国に住むこれからの人に知ってもらいたい気持ちから数多くの本をお書きになられました。

「もう眠ってもよいか？」

その言葉を最後に平成一二年九月二二日。坂井三郎は、ＭＲＩによる脳の検査中、呼吸停止となり、ごく僅かな知人に看取られながら急性心不全のため、静かに永遠の眠りにつきました。享年八四歳。

心からご冥福をお祈り致します。合掌。


（やの　あきお・内装会社経営）

【第三章】　父としての坂井三郎

坂井三郎に育てられて

坂井　襄

はじめに

今、父坂井三郎を思い出そうとするとき、心地よい感謝の気持が湧き上がると同時に、父に対し、申し訳ありませんとの深い侘びの気持にさいなまれる。

父坂井三郎が、台南空の斎藤正久司令や、笹井醇一中尉のように、太平洋戦争中から戦後にまで深く尊敬をし、慕い続けた上官、海軍士官がいたと同時に、父坂井三郎が、理不尽で、または、無能で、卑劣であるように思った一部の海軍士官に対し、戦後、著作物の中で厳しい記述をしたことは知られており、皆さんも当然ご存知のことであろう。私も父坂井三郎（以下父と記します）の書いたものを読んだり、また父から直接聞いてもいる。

しかし、父が、海軍兵学校を卒業した海軍士官の二人の子供、男女を養育し、育て上げた

事実はたぶんあまり知られていない。私は、どなたか他人に、父が自らその事実を話しているのを直接聞いたことがないし、おそらく父の著作物の中にも残されていないであろう。私は、その海軍士官の二人の子供の一人であり、一〇歳の頃から坂井三郎に育てられた。すなわち、私は、戸籍上は坂井三郎の子供ではあるが、実子ではない。私の実の父親の姓名は、森本徹（以下実父と記します）であり、海軍兵学校六三期卒業の海軍士官である。海軍兵学校六三期といえば、台南空で父の上官であった浅井正雄中佐が同期である。

父（坂井三郎）はご存知のとおり戦闘機乗りであるが、私の実父は、攻撃二五一飛行隊の艦上攻撃機「天山」の搭乗員であった。私が生を受けた昭和一九年、私が生まれてから、わずか三か月後に、フィリピンの東方海上において戦死（昭和一九年九月二四日）してしまった。階級は中佐（戦死後、昇進）であったようである。病気で出撃できなくなった搭乗員の代わりとなり、出撃したと聞いている。艦攻に搭乗し、出撃したとのことであるから、当然帰還が極めて困難であることは覚悟の上であったであろう。私は、実父に会ったことはたぶんない。抱きあげられたこともないはずである。不幸なことであり、残念であると思っている。

太平洋戦争において、艦攻の搭乗員が戦死をするのはごく当たり前のことである。戦死をしてしまっては何の役に立つこともできないとは思うが、私は、実父が必ず戦死をする覚悟

で出撃したものと思っており、実父にとっては筋書き通りの戦死であったと確信している。実父は「徹さんは石部金吉」と言われていたようで、頭が固く、家族のために何がなんでも生き抜くという筋書きを持てる男ではなかったようである。きっと、部下の方々に常日頃「俺も後から行くから」と言い、自分の家族のことなど念頭になく、それを実行してしまったのであろうと思う。

私事で恐縮であるが、私は、父に育てられ、父と生活をし、父の友人、知人に息子として紹介され、接していただいた。しかし、私の胸には常につかえたものがあり、父の息子として自信を持って胸を張って行動できたことはなかった。前述したように、父が、私の生立ちや、私が海軍士官の長男であることをほかの人々に話していることを聞いたことがない。それゆえ、私もごく親しい友人を除き、あえてその事実を覆い隠し、秘密にしてきてしまった。秘密を持てば、どこへ行っても決して居心地のよいものではない。

一方、私には、一人の妹、道子がいる。道子は父（坂井三郎）のただ一人の実子であり、当然、父の娘として、自信を持って胸を張って行動している。そして、私の頭には、常に道子の行動を妨げることのないように行動しなければならないとの強い意志が働いていた。道子から最近聞いた話であるが、父も、私が海軍士官の長男であるとの理由により、私に対し

ずいぶんと遠慮があったようである。確かに、私は、父から、理由もなく叱責されたり、侮辱された覚えがない。

また一方、私にも実父（森本徹）の長男として、母や、実父のもう一人の子供である姉には、そして私を養ってもらっているとの感謝、遠慮があり、世間一般の実の親子のように心の底から互いに衝突したり、話し合ったことがなかった。互いに衝突したことがなかったこと、それが、互いの遠慮を取り除けなかった根本的な理由であったと今感じている。

今、父と私の立場、秘密を知るに及び、だまされていたと不愉快に思われる方もおられるであろう。お許し願うばかりである。しかし、私と接した方々の多くが、口には出さないが、承知をされていたのかもしれない。

今回ここに父について書く機会を与えられたのを幸いに、私は、父と私の関係、立場の事実を公表し、長年の秘密から開放され、胸のつかえからも開放され、父の義理の息子として自信を持って胸を張って行動したいものである。

実の息子ではなかったものの、それでも、小学校四年生のときから大学を卒業するまで、経済的、人間的（人道的）に父から支援をしてもらい、父に支えられ、教えを乞い、そののちも、なにかと援助をしてもらい、今日まで無事に生き、一〇人の家族を持てたことは、父

から与えられた深い恩恵以外の何物に依存するものでもなく、今、心地よい感謝の念を持つことができ、父に育てられたことは、私にとっては幸運であったと思っている。

坂井三郎との出会い

私にとって、父の最初の記憶は、父と私の実母暖子《はるこ》がまだ結婚をする前のことで、私が千葉県の現在の東金《とうがね》市にある東金小学校に通っていたときのことである。秋の運動会の出来事である。

私たちの家族として、父兄対抗リレーの何番目かの走者として出場した父は、バトンを受け取るや、まさに脱兎《だっと》のごとく？　走り、前を行く数人の走者をたちまち追い抜き、はるか先を走っていた先頭の走者に第一コーナーで早くも追いつき、追い抜いてしまったのである。私は子供ながらに、本当に驚愕したものである。私はそのシーンを今でもなんとなくではあるが、想い浮かべることができ、私は、そのとき心の底からこの人はただ者でないと思い及んだことを記憶している。

父は、何かの書物で、パイロットには運動神経はそれほど必要がないように記述をしてい

たと記憶しているが、必要性の基準が、世間一般の基準とは全く異なる基準であることを私は理解している。

どなたかの著書においても、パイロットの運動神経に関する記述の中に、坂井三郎が運動会で活躍したなどと聞いたことがないとのように記述されていたが、運動会で活躍した事実があったことを報告させていただきたい。

六〇歳を過ぎてからも、私の家族を連れて、東京の豊島園へ行き、豊島園のプールの最上段の高飛び台から繰り返しジャンプをし、高飛び台を見上げた人たちから、あの爺さんは何者だと言われていたこともあった。

父の泳ぎに関しては、クロールで泳ぐ姿しか見たことがないが、見た方々、皆さんが感心をするほど軽やかで、スピードのあるものであった。

父と母とが結婚したのは、昭和二八年、父が三七歳、母が三一歳のときである。私は九歳であった。私が二人の結婚式に出席することはなかった。のちに結婚式の写真を見せられたが、記憶に残っている写真は、結婚式の後で父と母が仲よくスクーターに乗っているシーンである。このスクーターは、父が仕事に使用していたものであったが、のちに父と私を強く結びつけてくれた。

大切な小さな思い出

スクーター

私が、父の家族に参加したのは、父と母が結婚した翌年の九月からで、東京都墨田《すみだ》区両国で始まった。坂井家の住居は、隅田川《すみだがわ》の川岸から二軒目か三軒目の家の二階の貸間であった。たぶん六畳敷きの一間である。その一間で家族四人の生活が始まった。父の職場は、「香文社」の看板を掲げた小さな印刷所で、総武線の両国駅の近くにあり、現在の京葉道路に面した電気店の後ろ半分の建屋を借りて使用していたものであった。今ではもうどこにも見ることができないような平屋建てのバラックである。

香文社の経営者は、私の理解の範囲内では、大西瀧治郎中将夫人であり、めったに香文社においでになることはなかったが、月に一度程度香文社に顔を出されていた。大西中将と笹井中尉が叔父・甥の関係であったことが、父が香文社で働く縁であったのではないかと思っているが、私の勝手な思い込みの可能性もある。

大西中将夫人は、背丈の低い方で、いつも和服を召されていて、洋服を着ている夫人を拝

見することはなかった。仕事をされる際には、和服に襷《たすき》掛けをし、腕まくりをされていたのが、印象深い。ちなみに、母の実の父親である中原三郎は、海軍兵学校四〇期の卒業で、大西瀧治郎中将と同期である。

香文社の従業員は、多いときでも六、七人で、油紙を使った謄写版《とうしゃばん》、いわゆるガリ版印刷に従事していた。父を筆頭に従業員の方々は、おそらく一日一四～一五時間の労働をしていたように記憶している。

私は、小学校四年の九月から、両国小学校に通いはじめたが、転校生であったため下校後に遊ぶ友人が少なく、しばしば、学校から帰るとすぐに父の職場へ駆けつけた。目的は父が運転するスクーターに乗せてもらうことである。

父は印刷物の納品や注文取りにスクーターを利用していた。私は、そのスクーターのハンドルを握って、スクーターの足置き面に立ち、父の両腕に挟まれて、運転者の気分、スピード感を味わっていた。

当時の私は、当然ヘルメットをかぶらずにスクーターに同乗していたが、当時の道路交通法は、そのような運転を禁じていなかったのであろう。東へは千葉県市川市、南へは大森、羽田、西へは多摩地区、北へは埼玉県浦和市あたりにまで出かけていた。長時間の移動に際

して、私はしばしば、ハンドルを握ったまま居眠りをし、父の片腕に抱えられ、父に片腕運転を強いていた。スクーターに同乗しての東京見物は半年程度続いた。

やがて私にも遊び友達ができ、次第にスクーターに同乗する機会が減っていったが、ある日、突然それは終焉することになってしまった。父の愛車がスクーターから、より効率のよいオートバイに代わってしまったのである。新しいオートバイには乗った記憶がない。おそらく子供が同乗できるような構造ではなかったのであろう。

裁断機（断裁機）

香文社では、種々の印刷器具にゴム紐などを使用した簡単な合理的な工夫が、あちこちでしてあった。謄写版印刷では、印刷ローラーを手前から向こう側へ印刷メッシュ具の上を移動させメッシュ具の下に置かれた紙に印刷をするのであるが、メッシュ具の手前の位置と天井とがゴム紐によって繋がれており、印刷ローラーを手前から向こう側へ移動すると、メッシュ具の手前部分がゴムの張力によって持ち上げられ、印刷された紙を容易に取り出し可能になるようになっていた。

この程度の工夫はどこの印刷所でも行なわれていたのかもしれないが、小学生の私には興

味深いものであった。私は、工夫、改良、大げさにいえば発明を香文社で学習した。今では、孫たちがドアに指を挟まないようにする工夫など種々の工夫をし、楽しんでいる。妹道子が私の家に来たときに、それらの工夫を見て、「坂井三郎の影響ね」と喜んでくれたのもうれしい。

父が若い従業員を激しく叱っていた記憶がある。香文社には大きな機械類はほとんどなかったが、唯一、裁断機が例外であった。裁断機は印刷され製本された印刷物の周辺を切り取り、整形するためのものであり、長さが一メートル程度だったと思うが、大きな鉄製の刃を備えていた。この刃は、本来、三組のボルトとナットによって裁断機の本体に固定されるように設計されていた。

ところが、若い従業員は、刃を交換した際に二組のボルトとナットによって刃を裁断機に固定し、その状態で、裁断機を使用したのである。もちろん、二組のボルトとナットによって刃は裁断機に固定されており、裁断機は何事もなく正常に作動していた。しばらくすると、父が裁断機の前を偶然通り、三組目のボルトとナットが取りつけられていないことに気がついた。そのときの父の反応は、子供の私にとって驚きであった。

万が一、二組のボルトとナットの一方が破断してしまった場合に、作業者が大怪我をする

可能性があるとして、若い従業員を激しく、厳しく叱ったのである。三組のボルトとナットによって刃が固定されている場合には、いずれか一組のボルトとナットが破断しても刃は裁断機の本体に固定されたままで、当然安全が確保されるが、二組のボルトとナットによって刃が固定されている場合では、二組のボルトとナットの一方が破断してしまった場合には、刃が裁断機に固定されなくなり、安全確保の保証が当然なくなる。

叱られた若い従業員にどのように記憶されたか知る由もないが、何も知らない子供の私にも、安全確保の重要性や、非安全行為をなくす必要性に強烈な印象を与え、私は、何か父の生き方を暗示しているように感じ、私にとって現在までも忘れることのできない出来事であった。

テレビ用アンテナの修理

私が三五歳を過ぎたころであった。ある日父からめずらしく電話連絡があり、テレビ用アンテナの修理がしたいから、家に来てくれとのことであった。私はカラーテレビ受像機の開発に従事した経験があり、アンテナの修理もできないわけではなかったので、すぐに行きますと返事をした。

私は、父の家まで車で二時間ほどの所に住んでいたが、私が父の家に到着すると、父はど

こからか借りてきた梯子《はしご》（脚立《きゃたつ》）を二階の屋根にまで立てかけていた。私はアンテナを一見して、やるべきことを理解できたので、すぐにもアンテナの修理用具を持って梯子を登ろうと準備をはじめた。ところが父は私を押しとどめ、この状態で梯子をのぼるなどとんでもないと言うのであった。私にはいったい何がいけないのであるか理解できなかったが、父いわく「家に入って待っていろ」とのことであった。私は父の仰せに従い、家に入り待ってはいたのであるが、一時間以上待っても何の声もかからないのである。

私は待ちくたびれ、父の様子を見に行ってみると、ビックリである。梯子の上部二か所、下部二か所にロープが結び付けられ、梯子の四か所が家の手すりや、窓枠に固定され、梯子が絶対に転倒することのないように確保されていたのである。しかも、梯子の周囲にあった種々の物品がきれいに片づけられ、更地《さらち》になっていたのである。

「なぜ周囲の物まで片づけたのですか」と私が問いかけると、父は、「万が一、お前が梯子から落ちた場合に、怪我をしにくくするためだ」とのことであった。父が設置した梯子を使って二階の屋根に登り、私がアンテナの修理に要した時間は、ものの一五分程度に過ぎなかった。妹の道子にこの話をすると、「そうなのよ、アメリカの私の家でも全く同じことがあったわよ」とのことであった。

一般的に言えば、「そりゃ、やり過ぎでしょう」、「そこまで想定する必要はないでしょう」となるのかもしれない。しかし、戦闘機乗りであった父にとって、いったん空へ飛び上がってしまってからは、何か異変があれば、全責任は搭乗員である自分自身にあった。この異変は〝想定外〟であるなどとの言い訳をしない習慣、経験が父の精神、心に刻みこまれていたことを教えられた。私が子供のころに経験した裁断機についての出来事、成人してから経験したテレビ用アンテナの修理に使用した梯子（脚立）についての出来事などは、父の安全に関する基本的な考えが生涯一貫していたことを認識させるとともに、私の人生にとっての大切な指標となるものであった。

趣味（ゴルフ）

父が熱心に取り組んだ趣味は、ゴルフである。ゴルフ以外の父の趣味を、私は知らない。父がゴルフを始めたのは、昭和三七年頃で、四七、八歳の頃であったと記憶している。それまで趣味らしい趣味がなかった父の将来の生活を心配し、気にかけた母が、父の誕生日にゴルフクラブのセットを父に贈ったことが始まりである。

ゴルフクラブを熱心に振ったことがある人のほとんどが経験することであろうが、初心者にとって、ゴルフのボールをクラブで思った場所へ飛ばすことは、極めて困難なことである。父にとっても同じ状況が生じたものだと思う。運動神経に自信を持っていたはずの父は、ボールを正確に打つことが難しいであろうと予想しなかったかもしれない。

しかし、父にとっても難しかったはずである。なぜなら、ボールを打つ練習が尋常ではなかった。当時、家は現在のものとは異なり、庭も幅が二・五メートル程度あり、ゴルフクラブを振り回すことが可能であった。父は、白いテント生地を購入し、庭の三方をそのテント生地で囲み、月曜日から土曜日まで、時間が許せばその中で、ボールを打ち続けていた。クラブでボールを打った「バチ」という音と打たれたボールがテント生地に当たった「バン」という音の「バチバン」、「バチバン」、「バチバン」が何時間も続いていた。おそらく、毎日五〇〇球以上打っていたであろうと思う。

もっとも夢中になり、根を詰めていた時期には、雨が降れば、部屋の中にまでテント生地を張り、ボールを打つこともあった。スイングのチェックをし、何かに気がつき、ひらめくと、夜中にもボールを打った。日曜日には、東京都と埼玉県の境にある荒川の河川敷に作られたゴルフ練習場に出かけ、五時間以上過ごしていた。

私は、夢中になること、何かを極めようとすることは、ここまでやらなければならないのかと驚くとともに、あきれ、教えられた。父はゴルフコースへもしばしば出かけてはいたし、海外へ出かけた際にも、できるだけその国のゴルフコースでゴルフを経験するようにしていたようであるが、常識の範囲内であったと思っている。それでも、私の知る限りでは、少なくとも四度のホールインワンを経験している。自分自身が作り上げたスイングフォームの検証をするためか、私を河川敷の練習場に連れて行き、手ほどきをしてくれた。その際に教えられたフォームは、今でも私の体に残っている。懐かしい、ありがたい思い出である。

おわりに

私が、父（坂井三郎）に育てられたことは、まぎれもない事実である。しかし、〝坂井三郎の子供〟として育てられたかについては、父に確認をしたことがないので、定かではない。私は、運動神経も人並みで、覇気のある少年ではなかった。父の仲間の飛行少年たちは皆、人並みはずれた覇気の持ち主ばかりであったから、私は父には物足らない子供で、鍛えがいがなかったのではないかと思う。申し訳ない限りである。それでも、「はじめに」の欄にも

記述したが、妹道子に言わせれば、「お父さんは、お兄ちゃんたちにずいぶん遠慮をしていたのよ」とのことである。「大空のサムライ」が私ごときに当然遠慮はないはずであるが、私の実父に対し遠慮があったのであろう。森本家に対して遠慮があったのかもしれない。

父が、海軍兵学校出身の士官が行なった理不尽な行為について、著作物で明らかにしたとき、母が、「それが事実であっても、襄《のぼる》の父親も海軍兵学校出身の海軍士官ですから、あまり悪評を書かないで下さい」との旨のことを、私の目前で父に懇願していたことを、はっきり聞いている。私は、その際、その話に加わらなかったが、今思えば、私は「森本徹に遠慮はいりません、今後、同じような失敗を繰り返さないために、どんどん書いて下さい」と生意気なことを言うべきであった。私の存在が、父の著作に多少のプレッシャーを与えたとは思いたくないが、私は、何か申し訳ない気持をずっと持ち続けている。

私が父と同居したのは、一〇歳のときからで、私が東北大学に入学し、宮城県仙台市で学生生活を始める一九歳までの約一〇年間に過ぎない。私の人生にとって、時間的に短い期間であるが、私の成長期の期間でもあり、もっとも中身の濃い一〇年であった。しかし、その間も、私の戸籍名は、森本であり、私が父の戸籍に入籍するのは、もっと後のことで、私が二四歳のときである。

私は、父が、なぜ私の出生や実父のことを他人に話さなかったのかその理由を知らない。父が私たちを育てることは、母と再婚する際の約束であったようである。私が子供のころ、私は、私の存在をなんとはなしに申し訳ないなと感じ、しかし、私にはどうにもできないことであったので、そのことを考えないことにし、心の中に封印したことを、今思い出している。父は、私たちを養育することで、下士官出身の方々に〝裏切り者〟と言われることを避けたかったのかもしれない。母と再婚することで、兵学校出身の方々に生意気な奴だと言われることを避けたかったのかもしれない。そのような話題に、私たちを巻き込むことを避けたかったのかもしれない。私には、どれもが当てはまるのではないかと思える。

大空のサムライとして坂井三郎を絶対的に信頼している方々にとっても、戦後の坂井三郎の意外な一面を知ることになったのかもしれない。坂井三郎が明らかにしなかったことを私が明らかにすることになったが、私は、父の死後、いつの日か、父と私の関係を私自身が明らかにすべきで、明らかにしなければならないと考えていた。父にも認めてもらえるものと信じている。

（さかい　のぼる・坂井三郎長男／『零の会』会員）

MY FATHER, MY HERO

坂井スマート道子

私は物心ついた頃には、父、坂井三郎の特異性を感じていました。幼少期に、日本帝国海軍の零戦搭乗員はおろか、「戦争」のことさえ知らずにいた時分は別として、幼稚園に通い始めた三歳ごろの私の耳にはすでに、周囲の大人たちの会話の中での、坂井三郎に対する尊敬や畏れが、頻繁に聞こえていたからかもしれません。

家庭では、日本の「古い」男性らしく、感情面について長々語ることは少なく、冷淡に見えたこともあり、逆に瞬発的にことを言い放つ父の言動の荒さを、「軍隊式」と母や叔母が言うのを、そのまま受け入れていたように思います。二人きりのときの父は概して穏やかで、言葉からだけではない優しさや思いやりも大いに伝わるものの、父の「真剣さ」に戸惑ったり、「いい加減を許さぬ厳しさ」を、特に思春期の私は、過酷に感じたのも事実です。そして、日常の中での父には当然、家長としての確固たる存在感がありましたが、同時に、実の

娘の私にも最愛の母にも踏み込めない、彼だけの、「ある領域」があって、父はそこから、私たちには想像できない何かを遥か彼方に見つめていたような気がします。

＊

二〇代初期にアメリカに留学してからは、実際父と過ごす時間は希少になりましたが、遠く離れてむしろ、私の記憶の中で鮮やかによみがえる父を、改めて、より理解したと感じる機会が増えました。それは、父から完全に独立してはいないにしても、異国で、現実に一人で生きるようになって、父が教えてくれたことが、日々の生活の中でどれほど実際に役立つかが本当にわかったからです。

アメリカを訪れている父の通訳をしながら、限られた時間をともにしたときには、父娘の間の私情から完全に離れて、「坂井三郎」を客観的に学びなおす必要性に直面し、定められた自分の大役に圧倒されつつ、また謙虚な気持にもなりました。「零戦」の坂井に、食い入るように迫る記者や、歴史家からの質問に答えるときの父の通訳に携わるときは、坂井三郎の言葉を完璧に伝えるのが、私の使命だと覚悟したからです。

父の対談相手には、熱狂的な零戦ファンだけでなく、『SAMURAI!』を読破しておられる軍人や航空専門家、歴史学者、国際時事や軍事、政治の評論家といった、いわば歴史

資料研究のプロも多く、目の前の坂井三郎に、このときとばかり矢継ぎ早に質問をされるのです。通訳の私の知識の卑小さで、会見が滞ったり父が誤解されるのは情けないので、最初は自分の薄学がばれないようにずいぶん緊張したものですが、それは、私自身が恥ずかしいというよりも、父が過小に評価されるのが悔しかったからです。

あるとき、父の通訳は、知ったかぶりでごまかせるような題材ではないので、特に正式な催しでの現場通訳は自信がないと父に告白すると「知らないこと、わからないこと、覚えていないことは正直にそう言うしかない。お前の通訳で足りないなら向こうがもっと役に立つ人を連れてくればいいだろう。善意で会見に応じているのであって、こちらから話を聞いてくれと頼んだわけじゃあない。お前より日本語の上手な通訳が来るまでは遠慮することはない。そう、〝しゃっちょこ（しゃちほこ）ばらずに〟単純に構えればいい。お前の英語力にしても、だんだんよくはなっても悪くなるわけはないのだし、何を聞かれるかわからないのだから、前日に勉強しておくというようなことでもない。答えは皆、俺の頭の中だ。お前はそんなことより、大勢の人の前でも、その場にふさわしく普通に話せるように心がけておくことだ。相手によって自分の人格を変えてはいけない。人の品格について考えておくのが一番大事！」などというようなことを話してくれました。一九八三年にアラバマ州の米空軍指

揮幕僚大学の卒業式に来賓として出席する父に同行して、『ギャザリング・オブ・イーグルス（鷲たちの集い）』と呼ばれる式典と、その後のパーティーに通訳としてお招きいただいたときのことでした。

ご招待時のドレスコードに従い、父は礼装のタキシードを、同席する母も、綸子《りんず》の華やかな訪問着を用意してきていたのに、貧乏学生で、パンクロックのバンドに明け暮れていた私は、礼装のドレスもなかったし髪もとても短くしていたので、通訳だから目立たないパンツスーツでいいかなと思っていたのですが、それでは、地味すぎて礼装の場では失礼ではないかと母が言うし、そんなこんなで、世界中から、著名な航空家が集まる席での通訳などは荷が重すぎて逃げ出したいのが正直なところでした。

現地入りする二日前、まだルイジアナ州ニューオーリンズを訪れていたときで、父は突然、ドレスを買ってやろうと言い出し、初めてではないにしても、礼装のドレスを置いているブテイックがどこにあるかまでは知らないニューオーリンズの町を、親子三人で駆け回ることになりました。フレンチ・クオーターに洒落たお店があると、ホテルの支配人が渡してくれた地図で訪ねた三件目に、私の趣味で母の眼鏡にかなうドレスがやっと見つかりほっとしたとたん、「ああ、腹が減った。お金も減った。女の買い物はややこしいもんだ」と父。「昨日

食べて美味しかったエビとザリガニをもう一度食おう。同じ店でもいいよ、旨かったんだから」と言う父の希望で、夕暮れて、明りの入った通りを三筋ほど歩いて、バーボンストリートのそのレストランの、通りに面したテラスの席について、やっと一息つきました。

三人ともそれぞれ気ままに通りを眺めていたら、父が突然「おい、スパイ大作戦！」と言うので、視線の先を追ってみると、向かいのレストランの同じようなテラスのテーブルに、父の好きだったテレビ番組の『スパイ大作戦（原題は、Mission Impossible）』でレギュラー出演俳優の一人だった、ロバート・モリスさんがいらしたのです。「挨拶に行こう！」とめったにそんなことをしない父がもう半分立ち上がっているので、遠慮するという母を残し、一緒に通りを渡りはじめました。お邪魔じゃないかしらと気遣う私に、「人目を避けたいなら、あんないちばん目につくところに、座っておられるわけはない。まだカクテルだけしかテーブルにない。食事が運ばれてくる前のほうが失礼がないだろう」と瞬時になかなかの観察もしている父に驚いたものです。通りからテラス越しに「エクスキューズ・ミー」と父が軽く会釈すると気さくな笑顔が返ってきました。父が話すままに「私は観光で滞在している日本人です。プライベートな時間に失礼しますが、あなたの出演されている『スパイ大作戦』が大好きで、自宅にいるなら、必ず観て楽しませていただいている。これからも、ご活

躍を期待しています、と申し上げたかったのです」と通訳しました。するとモリスさんは「テラス越しで失礼だが」とおっしゃりながら握手で応え「日本のどこからみえたのか。東京には行ったことがある。大都市なのに安全で素晴らしい。都心で電車に乗って、車内が清潔なのに驚いた。あなたは何をなさっている方なのか……」と質問なさるので、当たり障りのない話題を選んでの社交辞令か、ファンへのサービスも仕事のうちと心得ておられるのか、それにしても、迷惑ならばモリスさんも自分から会話が続くようには仕向けないはずと父も判断して、「零戦のパイロットであったこと、米空軍の招きで来ているいきさつ」など手短かに説明すると、彼は立ち上がり、「零戦のことはもちろん知っている。あなたの『SAMURAI!』は残念ながら読んでいないが、非常に興味深い。現在も飛んでおられるのか……」と静かだが、はっきりとした口調の、さすがに俳優さんらしく表情の変化も魅力にあふれる、お話ししていて気持のよい方でした。そこに同席者がお着きになったので、そろそろこのへんで切り上げようとする私に、「あなたは、奥さんか、娘さんか？」とおっしゃるので、ちょっと戸惑った私は、父には通訳せずに「どちらだと思われますか？」と伺うと「目つきが似ているからお嬢さんだろうとは思ったが……。いや、妙に聞こえましたか？娘さんと決めて接していたら実は奥さんだったということがあって、誤解を避けるようにし

ているんです」。それをまとめて父に説明したら「有名人はゴシップで苦労されますね。あなたがテレビの中で拝見するとおりの紳士であることがわかって嬉しく思います。今日は娘の通訳で失礼しました。いつものように日本語でお話しできるかと期待していたのですが……（テレビの吹き替えのこと）」。モリスさんが、ハッハッハッと大きな声で笑って、私たちはお別れしました。

「普通の人だったな。冗談のわかる人は楽しくていい。有名人でも大騒ぎしないで普通に接してもらうほうが嬉しいこともあるだろう。有名、無名で人の価値が決まるわけじゃあない」

この晩のロバート・モリスさんとの会話を経験したので、二日後の華やかな大式典でも、私は世界中から集まった、航空界の名士や大勢の聴衆の前で、緊張感に圧倒されることなく、普段と全く変わりのない父の通訳を務めることができたような気がします。

この一九八三年の『ギャザリング・オブ・イーグルス』に列席して、一人の人間としての父を娘の目で見ると同時に、「坂井三郎」の国際的価値を客観的により理解することができたと思います。司会者が、世界的なヒーローとして美辞麗句で紹介するスポットライトの真ん中のSABURO SAKAIは、私の父であっても、高い壇上で私の手の届かないところに立っています。そしてその晩、満場の拍手が、一番長く続き、一番多くの列席者が立ち上がっ

て喝采を送ったのはSABURO SAKAIだったのです。アメリカ合衆国の星条旗に一礼し、右手を高く掲げて、会場の全員に視線を送る坂井は、謙虚でありながら威厳を備えた紳士でした。芸能やスポーツのスターがファンに笑って応えるというのとは違う印象を受けたのは、のちの父の言葉をもふまえて振り返ってみると、その場での歓迎に感謝するだけでなく、この喝采の中に立つ自分とともに、立ち並ぶべきだった戦友たちに対する思いや、国籍を超えたすべての戦没者への追悼の念が、坂井の全身全霊に満ち満ちていたからだと思います。そして生き残った自分に課せられた使命は、史実をありのままに伝えることであり、過ちを明らかにして、それを改めるための正道を追及する理念をより多くの人々と分かち合い、その実践に力を尽くすことだと坂井は認識していたのです。だからこそ旧敵国の大衆から受ける喝采の中で、坂井は決して自惚《うぬぼ》れていたのではありません。

旧敵国人同士でさえ共鳴しうる、国境や人種を超えた「人の道」の根本原理は、過去から学んだことを将来に生かすために、今何をするべきかを日常の中で自覚することによって、初めて具体化するのです。だから、軽薄なアメリカかぶれや外国びいきと言う批判を平気で受け流し、父はできる限り招待に応じて旅をしたのでしょう。そしてアメリカにいるときの父は、自分が外国人であると認識することにより、中国人、韓国人、フィリピン人らをも含

む旧敵国人と対面するときには、特に、一定の客観性を自分に強いたうえで、国際的観点から、日本人の謙虚さと威厳について見つめ直していたと感じます。その姿勢はふだん日本で生活しているときも同様だったので、あるいは、坂井の言動を、日本人同胞に対して、ことさら辛辣と受け取る向きもあったかもしれませんが、それはむしろ、父の祖国日本に対する、誠実な期待が、往々にして憂国の思いとして表現されたからだと思います。

*

アメリカで私が立ち会った父のさまざまな会見では、話題やその展開が、友好的か批判的かにかかわらず、史実においては、いつでも、何度も繰り返された質問であっても、父は決して答えを変化させることがありませんでした。歌手が、原曲から少しずつ趣を変えて歌ったり、伴奏の楽器を変えたりすると、聞き手が違った印象を受けることがあります。また、口語りの伝説が時を経てだんだん変わってしまったらしいこともあるようです。芸術文化の域では、微妙な変化が意図的かどうかにかかわらず、その変化そのものが興味の対象であったり、心情を左右する面白味は無視できない要素でもあります。しかし、こと史実に関するかぎりは、場数を踏んで、繰り返し繰り返し話すうちに、強調したい部分だけを残したり、詳細を省略しすぎたりしないよう、自分の語りに慣れ過ぎて慢心することを極力避け、いつ

も、初めて報告するかのように心がけていると父は言っていました。その姿勢は生涯変わることがなかったのです。

毎朝起きた直後に、鏡の中の自分に向かって朝の誓いを唱えるとき、その脇の張り紙に書かれた『海軍五省』（九四ページ参照）に眼差しを向ける父の脳裏には、戦時体験のすべてと、それをともにした戦友の顔がよぎるのです。それを一日も欠かさなかったから、父の記憶から、当時の状況の具体性や、瞬間的な印象が薄れることがなかったのだと思います。それを可能にしたのは、高尚な道徳観といったことより、どんなに小さなことでも、毎日自主的に続ける意志です。『海軍五省』にしても、「小学生でもわかる基本的理念であって、順番に唱えずとも、普通の人間が、常識として普通に心得ているべきこと、になって当然なんだが……」と言う父は、アメリカ滞在中でも、毎朝起きると、「今日も元気で起きられたことに感謝します。今日も、もりもり働きます」と大きな声で一日を始めたのです。

＊

父、坂井三郎が初めて渡米したのは、パン・アメリカン航空が太平洋路線にボーイングB707型ジェット旅客機を就航させた一九五九年のことでした。当時のパンナム日本支社長ジョーンズ氏（大相撲の千秋楽で、たびたび優勝力士に、片言の日本語で祝辞を述べ、巨大

な優勝杯をよろけるように授与なさったお姿を、年配の方は覚えていらっしゃるかも）が、父の読者でいらしたので、特別のご配慮か、各界の代表に交じっての羽田からホノルルまでの試乗にご招待いただいたときでした。窓際の席から自分で撮った美しい日の出の写真を帰国後見せてくれたとき、「上空でこんなにのんびりと景色を眺めたことはなかった」としみじみ語る父が印象に残っています。

一九七一年に、アメリカファイターエース協会から招かれた零戦搭乗員会一行の一人として、渡米したときには、往きの機内アナウンスで、機長から「本日ご登場のお客様の中に、日本海軍の零戦パイロット、撃墜王SABURO SAKAI氏がおられる」と紹介され、搭乗客の数人から拍手があったそうです。ご同乗の先輩同輩諸氏の中にはそれを快く思われない方もおられたかもしれませんが、全日程に同行された、通訳の石渡宏治さんは「仲のよい戦友の方たちも拍手されてましたよ」とのちにおっしゃっていました。

カリフォルニア州サン・デイエゴでの会合の歓談中にも、アメリカファイターエース協会会員や同席を許された元パイロットの方から、父への質問が多かったのは、著書『ＳＡＭＵＲＡＩ！』に対する関心が多かったからで、やむを得ないことだったと思います。

硫黄島上空、一対一五のヘルキャットとの空戦の話題が出たおり、「自分はその一五人の

一人だった」と言う方が名乗り出たとき、父は反射的に「お互い生き残れてよかったなあ」と言おうとしていたら、遮るように、「一五機でかかって零戦一機落とせなかったのか、この下手くそ野郎！」とアメリカ軍側からヤジが入り、会場は爆笑の渦だったと、石渡さんの談。タイミングよく通訳されて、日本人出席者もことの次第を理解され、中には一緒に笑ってはいけないのではという方もあり、また、父を褒めて自慢げに大笑いされた方もあったように聞いています。戦争中のことについては、軽薄に面白がってはならないものの、アメリカ人の気さくさや、公の場でも自由に発言することを恐れない態度を目の当たりにして、正直、父は楽しかっただろうと思います。当時の状況がよみがえり、双方とも息苦しくなるような回想が度重なる最中、笑いが入ったことで、全体の雰囲気が和らぎ、平穏な気持になって、また、歓談を続けることができたのも本当だったようです。閉会後、先のヘルキャットのパイロットと、手を握って挨拶した父は感無量だったそうです。石渡さんは「通訳を超えた感激なんでしょう。僕は黙っていました」と微笑まれました。

＊

父について、通訳をしていると、状況の過酷さや、反対に、あまりの感動で胸が詰まったこともたびたびありました。

一九八三年にアラバマ州モントゴメリーの、米空軍指揮幕僚大学の卒業式典『ギャザリング・オブ・イーグルス』でお目にかかったポール・ティベッツ大佐との会見を思い出します。B－29爆撃機「エノラ・ゲイ」の機長として広島原爆投下を遂行したティベッツ大佐は、自分の爆撃が、世界史上前例のない最大規模の恐ろしい被害をもたらした事実に、苦しまれたと聞きます。父は、とても緊張されていた大佐をねぎらい、要訳すると次のように申し上げました。「旧敵国人同士であっても、私は軍人ですから、同じく軍人だったあなたを批判することはできません。広島爆撃にしても、被害が甚大だったからと言って任務を遂行したあなたを非難するのは筋違いです。このような任務は軍紀を破ってでも回避すべきだったのでは、と言うような論調が、特に日本にはありますが、原爆以前の小型の通常爆弾での空襲被害や、小規模の戦闘結果の被害や犠牲なら話題にもならず忘れられてよいと言うことにもなりかねませんが、そんなことは許されません。初の原爆投下と言う事実は、非常に重要な時事として人類の歴史に残り、核兵器使用禁止を願う世界中の人たちはこれを批判し続けるでしょう。しかしそれは核の軍事利用を批判しているのであって、あなたを非難しているのではないと、私は解釈しています。私があなたの立場であったら、あなたと同様に、躊躇なく同じ任務を遂行していました。そしてあなたと同様に、その結果に同じように強いショック

を受けたでしょう」

ティベッツ大佐の目に滲んだ涙が忘れられません。

戦勝国の、極めて重要な任務を成功に収めた軍人が、終戦後の民間人としての暮らしの中で、絶えずそのことに苦悩されたとすれば、失礼かもしれませんが、彼こそも被害者ではなかったかと、私の想像の及ばない、戦争の残酷さに感じ入ったものです。それと同時に、その任務をまったく当然のこととして語る父の至誠に、凛とした印象を持ったのと、「稀《まれ》に受けた労《ねぎら》いとして大いに感謝に絶えない」とおっしゃったティベッツ大佐のお心の、計り知れない深みに、軍人にしか本当にはわかりあえない同情や共感が通じたのだろうかと、私は、思ったものでした。

＊

軍人同士にしかわからない共感で思い出すのは、一九九一年、ニミッツ提督記念博物館での、サム・グラシオさんと父との〝再会〟です。

この博物館は、「陸のパットン、海のニミッツ」と、第二次世界大戦中での米軍指揮官として歴史にその名をとどめた、ニミッツ提督の出生地、テキサス州のフレデリックスバーグ市に在り、提督の生家だったホテルをそのまま館の中心に残し、太平洋戦争の史実保存に貢

献している施設です。州庁のあるオースティンや、アラモの砦で有名なサン・アントニオからハイウエイが通じていますが、広大なテキサス州全体の中では、強いて言えば小さな田舎町です。しかし館関係者の努力と全市民の情熱に支えられ、特にその価値が国立博物館（注：国立太平洋戦争博物館）として認められてからは、アメリカ全土から大いなる注目と指示を受けるものとなり、多くの訪問者が絶えません。私と父が一九八七年に初めてニミッツ博物館を訪れたとき、正面玄関の訪問者署名簿の「SABURO SAKAI」の名に気がつかれた当時の館長が、観覧中の父に挨拶に見えたことからおつき合いが始まり、例年計画される各行事のお知らせをいただくようになりました。

サム・グラシオさんは、太平洋戦争開戦時（昭和一六年一二月八日）、台湾の台南基地から、フィリピン、クラークフィールドへの渡洋攻撃に参戦した父が、基地上空で遭遇したカーチスＰ－40のパイロットでした。父の一撃に被弾しながら、追撃を回避して帰還されました。この年ニミッツ博物館は「太平洋戦争開戦」五〇周年記念の、大規模なシンポジウムを主催し、真珠湾攻撃で第二波の爆撃を率いた阿部善次《あべぜんじ》さん、特殊潜航艇で湾内に潜入した酒巻和男《さかまきかずお》さん、真珠湾開戦の詳細を著書『トラ・トラ・トラ』（英文）に収められた千早正隆《ちはやまさたか》さんに並び、父もお招きを受けて出席したのです。

テキサス州立大学オースティン校の大講堂でのパネルでは、一部で真珠湾、二部でクラークフィールドに主題を分け、米日両国からの出席者の講演や、世界各国から訪れた聴衆との質疑応答、および記者会見などが終日続きました。

前日の予行日程中、グラシオさんと、当時の彼の指揮官に紹介された父が、お互いの空戦の記憶と博物館の軍事資料を照らし合わせて、「私の射撃で被弾し、降下していったP－40が記憶にあるが、あなただったのか……」と言うと、「被弾したとたんに急降下した。あのときは開戦初日に戦死かと思ったが、雲の中に逃げおおせたのが幸運だった。新米だったのでお恥ずかしい」と語るグラシオさんに「いやいや見事な回避の技だった。ここで〝再会〟できてよかった」と父。

そのあとの二人は「サム」、「SABURO」と呼び合い、たまたま背格好もよく似たうえ、奇遇にも色違いの〝カンガル〟(父は「カンゴール」のことをそう言う)の帽子をかぶっていたことで、ますます心が通ったのか、まるで幼なじみが子供の昔に帰ったように、おでこをくっつけるようにして、親しく語り合ったのでした。私は、大半を通訳していましたが、時おり、言葉なく感慨深気に見つめ合う父とグラシオさんの瞳の向こうに、彼らは何を見ているのだろうと、私には踏み込めない、彼らの「領域」に畏敬を感じたものです。

相反して戦いながらも、その場と時を、ともに経験した彼らにこそわかることがあるのでしょう。同様に、味方であってもその場にいなければわからないこともあり、それは戦場だけに当てはまることではなく、自分の知識だけでは他を判断しきることはできないと言う道理を、その「領域」が改めて認識させてくれたと思います。知識や創造力を高めるためには、人の言葉に耳を傾け、語り継がれることの主旨を誠実に受け止め理解することが、どれほど重要かを、父の通訳をして実感できたことは貴重でした。公の場で見た父は、常に謙虚であり、また同時に、相手が変わっても、決して自らの指針を見失うことのない威厳を備えた大人でした。相手の力に圧倒されないために肝心なことは、たんなる度胸だけでなくそれ以上に、状況を判断する冷静さと、個々の限界を認識し可能性にかける具体的な意志、そして前向きな自意識だと父が教えてくれました。周囲の皆が、眉間に皺《しわ》をよせて深刻な表情になっていく中、ふっと目をやった父が普通の顔で、むしろいくぶん微笑んでいるかのように見えたことが何度かあったのを覚えています。

このシンポジウムでも、話題の詳細に真剣に聞き入っておられる聴衆にも、語り手にも、主催関係者にも、息を詰める緊張が続いていた最中に、父の出番となりました。舞台の袖で、簡単に打ち合わせをした父が、「ちょっと息抜きが必要かなあ……、みんなコチコチだよ」

と言うので、「じゃあ、このへんで笑いを入れましょうか？　皆さんに背伸び体操をしていただくとか……？」。そこで考えた私は、「お父様、もう時間も迫っているし、ジョークを練習する時間がありませんから、テキサス訛りで、ご挨拶しましょう。大きな声で『ハウディ!!』（Howdy=How is your day?/How do you do? など日常挨拶の口語表現）と言って、全聴衆の皆さんの顔をよく見ながら手を振ってみるとか……？」

司会のアナウンスが父を紹介するのが、幕の裏の私たちにも聞こえます。礼節と尊敬に満ちた言葉ですが、言わばお決まりの説明で、場内の緊張は高まる一方です。出番を促すと、私の目を見ていつもどおり「さあ、行くぞ！」と歩き出した父が、舞台の一歩手前でちらっと振り返って、「ニヤリ！」といたずら坊主のような顔をしたのが忘れられません。うつむき加減に舞台の中央に立った父は、客席の最後方まで見渡すように顔を上げると、私の予想を超えた大声で「HOWDY　FOLKS!!」（こんにちは、皆さん）。会場に大爆笑が巻き起こり、両手を高く広げて、満面で頬笑む父に、立ち上がって拍手された方も多く、「SABURO SAKAI」と声がかかるたびに、「ハイッ！」と答えていた父を思い出します。

＊

「撃墜王」と呼ばれた父が、賞賛に、大いなる感謝で応えていたのを、私は目の当たりにし

ましたが、そのたびに、ヒーローやスターは、人がなろうとしてなるものではなく、その存在に憧れる大衆にとってこそ意味があることで、そう呼ばれる当人は、あるいは喝采の中で孤独なのではないかと感じることがありました。特に父のような立場にあれば、繰り返された戦後の批判は無視したにしても、戦没者に対しての追悼の念を忘れて、自分の幸運だけにはしゃぐことはできません。旧敵国のアメリカに、進んで赴むき、友好を楽しみ、その喜びを分かち合うことで、むしろ父は、歴史の惨《むご》さの被害者に報《むく》いる、彼らの犠牲をむだにしない生き方を示したのでしょう。

だからこそ父は、戦後の生涯をかけて、生命の尊さを説いたのです。坂井三郎は自分のことを「死に損ない」などとは決して思っていませんでした。死を美化する観念は誤りだと信じていました。「せっかく生まれたんだから、生きることを楽しまなくちゃいけない。朝起きたときが一番嬉しい。お前も一日を機嫌よく始めろ！」毎朝の誓いを述べるとき、父の大きな声が聞こえます。

「今日も元気で起きられたことに感謝します！」合掌。

（さかい スマート みちこ）

【第四章】「大空のサムライ」の直伝

坂井三郎に学ぶ零戦完全操縦マニュアル

監修＝坂井三郎／構成・文＝世良光弘
雑誌『歴史群像』一九九九年№三九より再録

優れた航続力が零戦の特徴

第二次世界大戦において、欧米のパイロットたちから〝ジーク〟と呼ばれ、恐れられた零戦——。

昭和一五年九月、中国大陸の漢口で衝撃的なデビューを果たして以来、零戦は、太平洋戦争の緒戦から終盤まで日本海軍のエース機として活躍した。

零戦は美しく、強かった。

そして零戦がたどった運命そのものが、日本の運命そのものだった。

第二次大戦で活躍した航空機はさまざまあるが、特に戦闘機はいろいろな特徴があり、一概にどれがすばらしかったとは言えない。しかし性能の中で最も重要な点は航続距離である。

その点、零戦は当時にしては画期的な航続距離を誇っていた。その距離は実に三一〇〇キロ。太平洋の大海原で戦うためには、この航続距離が不可欠であった。そしてこのおかげで、私は今日まで生き延びられたのである。

ドイツ機（メッサーシュミットやフォッケウルフ）のような高馬力でスピードを持つ戦闘機も名機ではある。だが、航続力が小さかった。太平洋戦争は、ヨーロッパ戦線のように陸続きで、次々と給油してすぐに迎撃に上がるといった戦いではなかった。

エンジンが止まり、飛べなくなった航空機は、まったく無意味な物体であり、地上にある航空機などは残骸と同じである。飛べること――それがパイロットにとって最大の魅力である、と私は考える。

では、航空機はなぜ、大空を飛べるのだろうか。それは〝揚力〟と〝推力〟のおかげである。ライト兄弟の初飛行以来、航空機にとって不可欠なのは、主翼から発生する〝揚力〟である。〝揚力〟によって機体は空中に浮揚することができるのだ。そして機体が重くなればなるほど〝揚力〟は必要になってくる。零戦は当時の欧米の戦闘機に比べると、一トン以上も軽く、重量は二一型で全備重量が二四二〇キロしかなかった。

この〝揚力〟を生み出すため、機体を前進させる力、それがプロペラによる〝推力〟であ

る。

〝推力〟としては、零戦は、九五〇馬力の栄《さかえ》一二型空冷星型複列エンジンを備えていた。この小さなエンジンでも軽快な運動性を確保できたのは、機体設計における軽量化に成功したおかげであった。また通常でもほかの一流戦闘機の約二〜三倍の航続力を持っていたが、世界初の投下式の増槽（増設タンク。容量三三〇リットル）の採用によって、約五倍の航続距離を有するにいたったのである。

「零戦の最大の特徴はなんだったか」という質問をよく受ける。たいていの人は優れた格闘性能や二〇ミリ機銃などの武装のことを取り上げるだろう。しかし、私に言わせれば、長大なる航続距離こそが零戦の最大の特徴であったと考える。

かつて私は台南空にいた頃、開戦（昭和一六年一二月八日）に突入する二〇日前に、零戦がどれだけ飛べるか実験したことがある。滞空時間、実に一二時間五分。当時、単座戦闘機としては、おそらく世界最高の記録ではなかったかと思われる。

開戦の日、我々、台南空の零戦隊四五機（二一機が制空、二四機が陸攻隊の直掩機《ちょくえんき》）と高雄《たかお》の三空からの四五機は、台湾の基地から勇躍離陸してマニラを攻撃、任務を果たすわけだが、米軍は当時、空母から発艦したと信じて疑わなかった。いわんや日本海軍の上層部も、

マニラ空襲には空母が必要と、事前に空母を三隻持ってきて発着艦訓練をやらせたことから考えても、当時、だれも零戦の航続距離を信じていなかったのではないだろうか。

私は太平洋戦争中、愛機・零戦とともに「いよいよ今日はダメか」と目前の死を覚悟したことが七回あった。だが、零戦の持つ奇跡的な航続距離が、いつも私を基地まで運んでくれた。太平洋戦争の緒戦において、日本海軍は太平洋からインド洋にいたる全域を制したが、この快進撃の根源をなしたのが零戦の持つ航続距離だと言っても過言ではあるまい。

南方における緒戦の零戦の脅威に対し、米軍関係者は「日本は、いつの間にこれだけのすばらしい戦闘機を何百機、いや一〇〇〇機もそろえたのだろうか」と感嘆したという。

実際は、太平洋戦争の初日、南方攻略作戦においては、前述のようにわずかに合計九〇機の零戦が活動しただけであった。その一か月後には、稼働機はおよそ五〇～六〇機に減ってしまった。その数でもって我々は「今日は東、明日は西」といったように、東奔西走して飛んでいたのが実情である。

米軍側はその約一〇倍の零戦が南の島にいたるところに配備されているとして、航続距離の長い爆撃機B－17で血眼《ちまなこ》になって探したという。

また、現在でも米国防総省には日米戦争を記録した『モリソン報告書』なるものが存在す

る。その報告書には、「開戦当初のマニラ空襲、スラバヤ空襲、ティモール島クーパンからのポートダーウィン空襲、ラバウルからのガダルカナル空襲は空母を使用してなされた」とあり、現在に至っても訂正されていない。零戦の作戦行動は当時のアメリカのカーチスやグラマンの持つ航続距離では、どうしても考えられないというのがその理由だそうである。なぜなら、それらの戦闘機の航続距離は、増槽なしの零戦のわずか半分にすぎなかったからである。

これらのエピソードから考えても、当時零戦の航続力がいかにすばらしかったかがわかるだろう。

ただし、零戦にも欠点はあった。この長大な航続力を生みだすために徹底した軽量化が行なわれ、重量を食う防弾鋼板や防弾ガラスは装備されず、さらに、防漏《ぼうろう》式燃料タンク（タンクの内側または外側に張られた被覆層中の特殊ゴムが、被弾・貫通によって漏れ出るガソリンと接することで膨張し孔《あな》を塞《ふさ》ぐ方式）は未完成の段階で、防御面がおろそかになったことである。太平洋戦争中期以降は米側も徹底的にこの〝弱点〟をつくために、強力な対抗機の開発に力を注いだ。

しかし、日本側は、大出力エンジンの実用化が米側より三〜四年も遅れをとってしまい、

その影響で零戦をしのぐ高性能の後継機開発・実用化は、計画より大幅に遅れることとなってしまった。そのために零戦は酷使され続け、最後には本来の目的ではない特攻機として、二五〇キロ爆弾、さらには五〇〇キロ爆弾を抱いて敵艦船めがけてつっこむ悲劇の戦闘機になってしまった。

零戦は、大戦中、五年の長きにわたって第一線機として酷使された。その間、十数回にわたる改造がなされたが、改良には決して至らなかった。

むしろ航続距離は落ち、零戦の持つ軽快性は失われていった。私はその間、二一型、三二型、五二型といくつかの機種を乗り継いだが、やはりオリジナルの二一型がいちばん優れていると考える。

事実、戦争末期の硫黄島、そのほかの迎撃職で、ベテランは五二型、若い隊員は二一型で出撃したことがあったが、若い隊員のほうが生還率が高く、戦果も大であった例がその実証だ。

五二丙型などは、胴体左舷の七・七ミリ機銃を廃止し、主翼の二〇ミリ機銃のほか一三ミリ機銃を三挺装備して、三〇～六〇キロ爆弾またはロケット爆弾を両翼下に一発ずつを懸吊可能にしたが、飛行性能は零戦各型の中では最低だったのである。

単座戦闘機の武装というものは、ただ単に強化すればいいというものではない。私の体験からすれば、七・七ミリ機銃に頼ることが多かった。二〇ミリ機銃は当たればその威力を発揮するが、G（重力加速度）の滑りが大きくかかる実際の空戦ではまず当たらない。それに携行弾数も、二一型では左右各六〇発ずつだからすぐになくなる。

その点、七・七ミリ機銃は左右各七〇〇発も弾を搭載し、性能は抜群であった。私の撃墜数である六四機もこの七・七ミリ機銃によるものが大部分である。

いずれにしても零戦は、その最大の武器である長大な航続力を持って生まれた、大戦初期において、すでに完成された名機であったことは間違いない。

そして、あの美しく強い戦闘機、零戦こそはわが命を賭けた愛機なのである。

では、この驚異的な航続力を持つ戦闘機は、どのようにして操縦されたのか。次節ではさっそく零戦操縦マニュアルに入ることにしよう。

各装置の点検および確認

まず日本海軍の場合、零戦による戦闘機だけで出撃（進攻作戦）する場合、どのような様

子だったかを、順を追って説明する。

まず攻撃命令は、航空隊の所属する航空戦隊の司令部によって立案、実施計画が作成されて司令官命令となり、航空隊司令が受領する。ここで敵兵力に対し、味方出動機数をどのように編成するかが決定される。攻撃隊メンバーは、攻撃前日の夕方、ピスト（指揮所）の前で発表される。が、緊急の場合は、当日その場で決定され、ただちに出動する場合もあった。

攻撃隊メンバーは、出発に際し、ピスト前に中隊順に整列し、部隊長の出撃命令を受ける。ここで攻撃目的の指示と簡単な打ち合わせがあり、言わば「出陣式」が行なわれた。そこで当日の指揮官が代表して「攻撃隊、出発します！」と挨拶を行ない、向き直って出撃搭乗員に対し「かかれ！」の一声をかける。

緊張感の高まる中、パイロットはそれぞれの搭乗機に向かっていく。しかし、映画のように蜘蛛の子を散らすように機の列線に全速力で走ることはあまりない。もっとも、敵機が来襲し、一刻も早く飛び立たなければならない迎撃戦の場合は、搭乗員は全速力で走り、いちばん身近な機に飛び乗った。しかし、進攻作戦の場合は、あらかじめ出撃時刻が決められていた。大体、日本海軍の場合、外地においても内地の航空隊の慣習で、午前八時が多かった。

この頃には、整備兵が機体の点検と暖機・試運転を完了しており、エンジンの音が轟轟《ごうごう》と

響いている。搭乗員はプロペラの渦流に吹き飛ばされないように注意しながら乗り込むのだが、その前にもう一度、搭乗員は外見上の機体のチェックをする。

もちろん熟練の受持整備員によって、点検・試運転が綿密になされているが、搭乗機に異常はないかどうかの確認作業の最終責任は搭乗員にあり、念には念を入れなければならないからだ。まずタイヤの空気圧から始まって、主輪、尾輪の脚柱オレオ（油圧・空気式ショックアブソーバー）が正常な位置にあるかどうか、胴体の各点検窓カバーや燃料補給の蓋《ふた》の取り付けが大丈夫かどうか、また舵の揺れ止め板が外されているか、エンジンの著しいオイル漏れがないかもチェックする。さらにピトー管や二〇ミリ機銃の覆いが外されているかを確認する（虫や水でピトー管がつまっていれば、正確な対気速度がわからない。また、二〇ミリ機銃銃身内に異物などが入っていれば、射撃ができないどころか筒内爆発を起こし、主翼が吹っ飛ぶ可能性すらあるから慎重に確認せねばならない）。

機体への搭乗は、飛行作業に必要な携帯用具や物品を確認して左側より行なう。翼上ではフラップがある部分などを踏まないようにして、把手《はしゅ》につかまりながらコックピットに入る。このとき、翼の表面や胴体に異常がないかどうかも確認する。

座席に腰を下ろしたら、キャノピー（風防）はスムーズに開閉できるかどうかをチェック

し、あらかじめクッションとして座席に収めてある落下傘本体と身体に装着した落下傘バンドを金具によって結合する。整備員の助けを借りて身体に安全バンドをしっかりと締めたあと、さらに落下傘の自動曳索《ひきさく》(緊急脱出時の開傘用の索)が座席につながっているかを確かめる。また、離着陸時には前方の見通しをよくするため座席位置を高くするので、座席の上げ下げの機能を点検する。

ここでパイロットは、操縦桿やフットバーを最大限に動かし、昇降舵、方向舵、補助翼の〝三舵《さんだ》〟の動きをチェックすることになる。フットバーなどはちゃんと届くかどうか足で踏んでみて確認し、自分の身体にアジャストさせなければならない。

では、機体はパイロットによって、どのように制御されるのかについて基本的なことを述べてみよう。

機体は三つの舵によって、コントロールされる。まずは、上昇、降下を司る昇降舵(エレベーター)、機首の左右の向きを変える役目をする方向舵(ラダー)、そして左右の翼の傾きを司る補助翼(エルロン)と呼ばれる舵の動きである。

専門的になるが、航空機は傾斜側へ旋回する特質を持っているため、旋回するときは主にこの補助翼を使う。方向舵だけで旋回しようとすると、効かせた方向に機首は向くけれども、

ほとんど旋回せずに機体は〝横すべり〟の状態で斜めに前進することになる。航空機のこれらの基本がわかっていないと零戦の動きを理解するのは難しい。

それぞれの舵の動きは重要だ。航空機はパイロットが操縦してはじめて航空機たりうる。特に戦闘機の場合、空戦においては、自由自在に姿勢を変えられる機動力が要求されるからだ。

零戦は、昇降舵の操縦索をわざと細くして剛性を低下させ、ある程度伸び縮みするようにしてあった（剛性低下式操縦索）。戦闘機は高速時に昇降舵をニュートラル位置から意図する舵角にするためには、操縦桿を引いたり押したりするのに相当の腕力がいる。場合によっては計器板に足を乗せて踏ん張り、両手で操縦桿を思い切り引き寄せなければならないこともある。反面、高速では舵のわずかな動きに機体は敏感に反応するので、繊細な操舵が求められる。剛性低下式操縦索は、この高速時の昇降舵操縦の問題を、操縦索の伸びと操縦索の方向を変える滑車とその支持金具によって余分な力を吸収し、解決させた。その結果、オーバーコントロールにならず滑らかな操縦性が可能となったのだ。

ともあれ、この作業が終わると、燃料計を確認し、燃料が満載されているかどうかを調べる。そして燃料コックを「開」の位置にし、メインタンク（翼内）につなぐ。

ＡＭＣ（オート・ミックスチャー・コントロール）が、常にフリーになっているかどうかの確認も重要事項だ。ＡＭＣとは、飛行中、高度に応じて排気温、筒温が最良になるよう、飛行機の上昇、下降によって生じる大気圧の変化に自動的に感応して、気化器よりシリンダーに供給される混合気を調整する装置のことだ。九六式艦戦までは、搭乗員は手動でＡＣ（エア・コントロール）レバーを高度に応じて調整していたが、零戦の栄一二型エンジンより、そのわずらわしさから解放された。

これが解除されていないと、どうなるか。私は昭和一六年、中国の海南島から台湾の高雄基地に移動中、若い整備員が間違ってＡＭＣを固定ネジで締めて固定したおかげで、エンジン不調となり洋上に不時着しかけたことがある。もちろん、パイロット自身が行なう試運転マニュアルには、出発前にこのＡＭＣフリーを確認する条項が載っている。この事件は誰も触るはずはないと思って確認しなかった私の思い込みによって起きたのである。

栄一二型エンジンを始動

ここで試運転マニュアルにしたがって、どのようにエンジンを始動するかを説明しなければ

ばならないだろう。

当時よりバッファロー戦闘機など、アメリカの航空機はセルモーターを積んでいたので、パイロット自身でエンジンがかけることができた。日本の場合は、エナーシャ・スターター（手動式慣性《かんせい》起動装置）を使用していた。地上員がカウリングの右下にあるダイナミック・ダンパーを回す取り付け口にエナーシャ・ハンドルを差し込み、二人がかりで回すことによってエンジンを発動するのである。まずパイロットは地上の整備員の動きを見ながら、「前離れ、スイッチオフ、エナーシャまわせ」と大声で叫ぶ。主スイッチはこのとき、「断」になっていなければならない。

地上員が全力で回すエナーシャが最高回転（一万五〇〇〇回転）に達した時点で、「コンタクト！」と大声で叫び、メインスイッチを入れ、エナーシャとエンジン軸を直結するため、座席の右前方にある引き手を引く。エンジンは、このようにエナーシャの回転力によってそれぞれの機が単独で起動するため、特に航空母艦から発艦する場合、一斉《いっせい》スタートが可能であった（起動車は艦上では使えないのだ）。

プロペラが回り始めれば、すばやく左手をスロットルレバーに移し、若干スロットルを開く。ここでようやくエンジンはプラグの発火によって始動する。同時に、シリンダーの温度

の過昇を防止するためカウル・フラップを全開にする。

このとき、機体は、車輪止め（チョーク）があるため前には進まないが、尾部が上がり、プロペラで地面を打つ、言わば〝鼻をつく〟恐れが生じる。よってパイロットは、操縦桿をいっぱいに引いて、昇降舵の風圧によって尾部を押さえつけ、機体の前のめりを防がなければならない。ただし手は操縦桿を握りっぱなしにはできない。両手は確認の手順があるからだ。よって右足で操縦桿を巻き込んで手前に引いて手助けする。

零戦隊、発進せよ！

次は動力計器の確認だ。零戦の諸計器の配置は、日本人の平均的身長を老慮してレイアウトされていた。

ブースト計、シリンダー温度を測る筒温計、排気温度計、燃料圧力計、エンジンの油圧計、油温計、回転計、フラップや脚を動かす作動油圧計、さらに、五二型からは水メタノール圧力計など、すべての動力計器を数秒で確認する。日頃から暗記しておくことが肝心で、この間、つとめて冷静沈着にならなければならない。動力計器の確認は飛行にとって一番重要な

ことである。確認作業で慌てふためいたら、すべてがぶち壊しになってしまう危険性がある。

また、発電機のチェックも必要だ。航空機用エンジンは各シリンダーに二個のプラグが装着されている。従って左右二つの発電機があり、ひとつがダメになっても、ほかのひとつがリカバーするようになっている。試運転のときには、ブーストを○、回転数二〇〇〇回転の位置にしてスイッチを左、右、両と切り替えた場合、回転数の低下が五〇回転以内であれば正常とした。

光像式射爆照準器のランプを点灯させ、電球が切れてないかどうかの確認をして、再びオフにするテストもこの時点でする。陸軍機の場合は、予備の電球が用意されていたが、海軍機の場合は装備されていなかった。

機銃は七・七ミリ機銃を半装填することも忘れてはならない。また、二〇ミリ機銃の装填と尾栓の後退は、地上の兵器員と行なう。

さらに、増槽から燃料が確実に上るかどうかを確認するため、燃料コックを増槽に切り替える。燃料を節約するため試運転はこの増槽の燃料によって行なう。迎撃戦の場合は、増槽は機体が重くなるし、基地周辺での戦いの場合は必要ないので地上で落下させる。

迎撃戦のような緊急時は、乗ってから一分以内に離陸する場合もあるが、大体、試運転お

よびチェックは、五～六分が通常だった。

最後に列線を離れる前に、全機とも燃料コックは、翼内のメインタンクに切り換える。これは増槽が落下したり、燃料吸い上げが離陸時の振動によって不良になったりする恐れがあるためだ。

またプロペラのピッチは、離陸時は低ピッチに固定し、エンジンの回転数を上げる。最大馬力を必要とする離陸、上昇を容易にするためだ。

すべてが終われば、小隊長に列機は「出発準備ＯＫ」の手信号を送る。それを見届けて小隊長は中隊長に「準備よし」の信号を出し、指揮官機は全体の出発準備が完了したことを確認した後に、「車輪止め（チョーク）払え」の合図を地上整備員に送り、静かに離陸位置につくのだ。

さていよいよ離陸である。

離陸および上昇

地上滑走の際は風防は全機開け、視界をよくするため座席を位置を最大に上げる。同時に

パイロットは、飛行眼鏡（ゴーグル）をかける。特にラバウルでは、火山灰が地表に堆積していたため、連続離陸時には土埃《つちぼこり》で前が見えなくなるためだ。その中を小隊単位で次々に離陸していく。

地上滑走を始めたら、主脚や尾輪のオレオやタイヤの空気圧を確認し、ブレーキの利き具合を試してみる。ブレーキと空中無線機は欧米の航空機に比べて、劣っていたからだ。

離陸に際し、前述のようにエンジンはスローから全開にするが、長いこと地上滑走・待機でスローにしていた場合は、一度、吸入圧力（ブースト）計を黒ブーストの最高出力を示す〇の目盛まで上げてふかし、プラグの汚れをとって調子を確認した後に全開にする。

離陸時の滑走は、プロペラの回転が増すにしたがって、プロペラトルクによる風圧のため機体は左に向かおうとする。そのため、直進するように右足でフットバーを踏み込み〝当て舵〟を当てる。

そして直前方に目標を定め、エンジンを全開にして機を滑走スタートさせる（大体、零戦の滑走距離は無風で約一九四メートル、向かい風一二メートルで約七〇メートル以下で離陸できた）。

ここでパイロットは、操縦桿を前方に押し、昇降舵を下げ舵にする。尾部を早く浮き上が

らせ、機体を三点姿勢から水平にするためだ。

速度計は見ずに失速速度（約一〇〇キロ／時）以上に達する少し前から、だんだん操縦桿をニュートラルに戻し、機体が浮く瞬間はやや上げ舵にする。

地面を離れたら、そのまま上昇し、高度一〇メートルで脚把手《きゃくはしゅ》を引いて主脚を収納する。プロペラの渦流でだいたい右の脚が早く収納される（中には逆の機体もあった）。両脚が完全に収納されると、脚表示灯が青から赤ランプになり、両翼上面の脚位置指示板が翼上面まで沈み込む。脚の収納を確認して、脚把柄を中正に戻す。さらに私の小隊では、目視のため二番機と三番機も含めてお互いに脚が収納されているか、僚機の下にもぐって確認するようにしていた。

座席の位置を下げ（照準機と目の高さを合わせる）、風防を閉じ、ゴーグルをはずす。ここで膝の上の記録板に、何時、何分に離陸したかを書き留める。高度二〇〇メートル――ここで燃料コックを増槽に切り替え、機体内部の燃料を節約する。

基地上空で小隊は三角形にぴったりくっついて編隊飛行（一番機と二、三番機の翼の延長線は左右一メートル、前後は〇メートルが基準であった）を行なうこともあった。

これは地上の味方に威厳を示すための一種の儀礼である。また、進攻作戦ではむだな時間

をはぶくため単機離陸ではなく、編隊離陸を行なうことも多かった。

ここで戦闘機隊の進攻作戦について述べよう。

戦闘機隊の任務は、その後の爆撃隊の行動を容易にするため、敵地上空で敵戦闘機を撃滅する制空である。広大な航続距離を持つ零戦は、制空戦闘機（ファイター）であり、迎撃が目的の雷電や紫電改などの迎撃機（インターセプター）とは設計が根本的に異なっていた。

制空戦と迎撃戦では、制空戦のほうが戦果が上がる場合が多い。理由は、こちらから攻めるということで主導権もあり、勢いがあり士気があるからだ。

また、味方基地から遠く離れたところまで攻め込むので、短時間の空戦しかできないために集中力が必要とされる。そのため攻撃は精鋭搭乗員が選ばれた。

さて、話を戻そう。零戦の巡航高度は三〇〇〇〜四〇〇〇メートルであった。上昇力はエンジン全開（赤ブーストいっぱい）の場合、約三分で三〇〇〇メートルに達することができた。

小隊を引っ張るリーダーは、あとに続く列機のことを考え、スロットルレバーを全開にしないように中指と薬指を入れ、通常は八〇パーセントの馬力で上昇していく。

離陸後の集合は迅速に行なう。

巡航状態に近づくと、照準器を点灯させ、ランプの確認をしたあと、七・七ミリ機銃を全装塡し、片銃約一〇発ずつ試射する。

このとき、小隊内の編隊は一〇〇メートルぐらいに開いている。しかし、列機は常に小隊長の動向に目を配らなければならない。空中でもリーダーの命令は絶対である。

零戦の理想的な巡航速度は、二五〇〜二六〇キロ／時であった。これが最も経済的な巡航スピードで、約一〇時間は飛ぶことができた。

この零戦の驚異的な航続力を生み出したのが、恒速プロペラの採用である。

燃費はプロペラの回転に比例する。離陸や上昇、高速が必要になる空戦のときは、低ピッチに固定しなければならないが、長時間の水平飛行を行なう場合は、低ピッチで高回転運転を続けると燃料消費が増大する。このため回転を極力おさえ、プロペラピッチを大きく（ハイピッチにする）して、効率的な牽引力《けんいんりょく》を求める必要がある。

零戦は、エンジンの回転数に応じて自動的にこのピッチを変更することもできた。

巡航状態で最も効率のいい運転は、ブースト圧マイナス一五〇、エンジン回転数は約一七五〇回転であった。

零戦隊、突入せよ！

さて、いよいよ空戦エリアに入ると、緊張感は最大限に高まる。

指揮官機は、太陽や雲の位置、敵の常套手段などを考え、どの方向から、どの高度で突っ込むかを決断する。大体、この時点になると、最も危険な後下方をお互いに見るため、横一列に近い状態になった。

機上の操作としては、プロペラピッチは低ピッチに固定させ、全力運転の用意をする。同時にエンジンが焼き付かないようカウル・フラップを最大に開く。また、照準器を点灯させ、各動力計器の示度をチェックする。

このとき、あらゆる方向に目を凝らさなければならない。

一瞬でも先に敵を発見した方が後方に回り込むことができ、有利になる。これが、空戦の〝鉄則〟である。

零戦の場合、操縦席は全視野型といって、涙滴型《るいてき》の風防になっていたので見張りがしやすかった。

また、日頃から視力を鍛えておくことも重要だ。私の場合、日頃から昼間に星を見る訓練をして徹底的に視力を鍛えた。そのため二五キロ先の敵機まで発見することができたのだ。いかに可能な限り味方の被害を少なくし、最大の戦果を上げるか。空戦の勝敗は第一撃、いわゆる〝据《す》え物切《ものぎ》り〟でどれだけ相手の戦力をそぐかで決まる。格闘戦に持ち込むというのは二流である。

後ろにつかれた場合、格闘性能にすぐれた零戦には〝左捻《ひね》り込み〟という斜め宙返りをしながら相手の下にもぐり込む技があったが、これはあくまで不利な状態を打開するための戦法であって、あえてそういう状態に持ち込むのは愚策なのだ。

敵機の第一発見は、ベテラン搭乗員による場合が多かった。この場合、全速力で編隊の前に出て、機首を敵の方に向け、七・七ミリ機銃を発射したり、合図のバンク（翼を振る）を行ない、味方に「敵機出現」を知らせる。同時に燃料コックをメインタンク使用に切り替えたあと、増槽を切り離す。

このとき、決して編隊は崩してはならない。空戦のあり方は、日中戦争から太平洋戦争にかけて大きく変化した。日本海軍戦闘機隊では、昭和一四年あたりから欧米空軍に従って、一対一の一騎打ちから、リーダーを先頭に戦う編隊空戦の戦法が採用された。

そのため三機編隊の小隊長（リーダー）が、敵を屠《ほふ》る役目を担っていた。もし、小隊長が撃墜できなかった場合は、二、三番機が二の矢、三の矢になるという三人一組の攻撃方法がとられたが、通常、列機は編隊の後ろの目となって、小隊長の撃墜をサポートするのが役割であった。

リーダーの撃墜は、二、三番機が守ってくれるからできるのであって、三人の戦果というのが〝鉄則〟であったし、編隊戦闘以外はしてはならぬと戒められていた。

これが編隊戦闘の基本である。

だから撃墜は個人の戦果ではなく、小隊の戦果というのが当時の海軍航空隊の考え方だった。

編隊空戦では、一番機の約七〇メートル斜め後方に二番機が、約一五〇メートル斜め後方に三番機が位置する。小隊長は、敵編隊の中から自分に被害を与えない敵機を瞬時に判断し、一番落としやすい敵機に突っ込んでいく。これが理想であったが、三撃目あたりからは乱戦となることが多かった。

実戦では初心者は撃ち始めると興奮状態に陥り、修羅場《しゅらば》での射撃を撃ち急いでしまう。自分で思うよりも意外と距離が開いているのが空戦である。

このため、早撃ちや長撃ちは絶対に戒めなければならない。最も冷静にならなければならないのがこの瞬間だ。また、必ず残弾を残すことを忘れてはならない。

私は、「敵は一〇〇メートル以内に接近して撃て。撃つ直前は後ろを確認せよ」と日頃より部下に言い聞かせていた。照準も敵機のエンジンから操縦席の間を狙うことが肝要だ。弾丸が左右にズレたとしても、航空機の重要なパーツが大体この部分に集中しているのがその理由である。

勝負は一瞬のことで、早ければ一〇秒で決まる。この短い時間で生死が決まるのだ。日頃から敵、味方戦闘機の長所短所を知り尽くし、研究しているかどうかが問われるのである。たとえば、零戦の場合は、五五〇キロ／時を越えると舵が効きにくくなったのに対し、敵のP－40ウォーホークやグラマンなどは、スピードを活かした垂直降下が得意だった。そこで、彼らが垂直降下に入る前に落とさなければならないわけだ。

私は太平洋戦争で二〇〇回近いの空戦を経験し、大小六四機の敵機を撃墜した。紺碧の空に生死することを自らの天命と思い定め、そのために常に努力し、鍛練し、研究を重ねた。「運命」とは命を運ぶと書く。まさに自分が自分の命を運ぶのである。広大な太平洋において、愛機、零戦とともに生き残るためには、努力できることをすべてやらなければ、命がい

くつあっても足りなかったであろう。

戦場では撃墜数がいくつに達しても、最終的に敵に落とされればそれで終わりなのである。つまり撃墜数を伸ばすということは〝目標〟ではなく、あくまでそのような自己鍛練による〝結果〟にしか過ぎなかったと言える。

全機、帰投せよ！

帰りの進路を確認し、帰投する場合に重要なのが航法である。

誘導機がいる場合は集合地点に向かえばいいが、いない場合は各自が航法をやらねばならない。パイロットに求められたのは、計算と実測に基づく正確な航法だった。

機体の速度はあくまで計器速によるもので、実速は大気の風向きや風速に相当影響を受ける。計器は無風状態でも実速より少なく示したり、高度によっても誤差が生じるため、注意が必要だ。

列機は小隊長のあとをついて来るので、もし、リーダーが航法を誤れば、帰投できないことになる（私は戦時中、一度も列機を失わなかったことを誇りに思っている）。

さて基地が近づけば、約二二〇キロ／時の速度で誘導コースを回り順番に着陸する。着陸は一〇七キロ／時以下の速度で、最後は地表すれすれの三五センチの高さで失速させ、三点着陸を行なう。

これは海軍の着陸法で、航空母艦勤務のパイロットになった場合、着艦フックによって母艦のワイヤーをつかむためである。

燃料や弾が不足している機から次々に着陸していくが、このとき、注意しなければならないのが敵機来襲である。速度の落ちた着陸時は〝送り狼〟に狙われやすい。用心深く必ず二、三個小隊の上空哨戒《しょうかい》をつけることだ。

基地に戻ると、指揮所の前で戦果の確認である。戦後の記述では撃墜に関し、「公認」、「非公認」という言葉が使われているが、戦時中はそのような言葉は存在しなかった。空戦域にスコアラーがいるわけではない。着陸後、総指揮官、中隊長、小隊長、古参搭乗員が集まって、どの小隊が何機撃墜したかをつき合わせたのである。

撃墜の定義は四つある。まず一番目は、自分の撃った弾が命中して、敵機を完全に破壊すること。

二番目は、回復不能の火災を起こさせること。

三番目は、敵機のパイロットをパラシュート脱出させること。
四番目は、敵機を地上もしくは海上に激突させること。

であった。

一対一で戦っていた昔は、撃墜そのものを最後まで見届けていたが、そんなことをやっているとこちらが落とされてしまう。編隊空戦の怖さはそこにあり、当然、同一目標を攻撃したり、すでに落ちていく敵機を射撃したケースもあり、空戦においては、何機撃墜したかを正確に把握するのは、至難の技であった。

当時、最強と言われた台南空のメンバーをもってすれば、三五機ほどの敵戦闘機群の航空兵力に対し、三日間出撃すれば、大体、全滅させることができた。だが、戦いが終わって撃墜総数を出すと、敵機をその間、四五機も撃墜したなどと報告する誤差をも生じたこともあった。

昭和一七年八月七日、ガダルカナル島の空中戦がいい例である。ラバウルの台南空は一七機出撃し、敵の艦上戦闘機を四五機撃墜した。ところが戦後、調べてみると空母サラトガからは二二機しか出撃していない。逆にアメリカ側の資料を見ると、その空戦では日本機を三五機撃墜したことになっているのである。空戦による撃墜およびその確認がいかに困難なも

のだったかを示すエピソードだろう。

＊

今回、私が紹介した〝零戦操縦法〟は、あくまで基本中の基本である。

空戦の修羅場においては、機体をわざと横滑りさせたりして、相手が予想しない操縦をしないと簡単に撃ち落とされてしまう。航空学校で習う〝優等生の飛び方〟では命がいくつあっても足らない場合が多い。

つまり空戦において戦闘機パイロットにとって重要な要素は、日頃の努力と研究心、そして経験であろう。

「戦闘機パイロットに天才はいない」というのが私の持論だが、経験を積み、鍛えることによって凡人でも、天才に近づくことができるのである。むしろ、逆に戦闘機パイロットの場合、天才型の人間は、もろかったようにも思える。

日本海軍航空隊の場合、エースという条件を敢えて言うならば、ある一定の年月と飛行時間を兼ね備え、幾度もの実戦を勝ち抜いた者のことを言うのではないだろうか。

三菱重工が復元した零戦五二型の操縦席。座席前のスティックが補助翼と昇降舵を操作する操縦桿で、その前方の床に方向舵操作用のフットバーが見える（撮影＝阿施光南）。

空戦の「極意」

構成・文＝世良光弘／取材協力＝小峯隆生
雑誌『歴史群像』一九九七年№三一より再録

戦場では「極意」を身につけた者が生き残る

戦後、半世紀以上たった今、本当の戦いがどのようなものであったかを語れる人間は数少なくなってきた。最近、流行の戦記小説やシミュレーション小説でさえも、実際に戦った者にしかわからない生《なま》の証言の前ではかすんで見える。

戦場ではさまざまな戦いが繰り広げられた。軍艦同士の海戦、戦車や兵士が登場する陸戦、そして戦闘機同士の戦い――言わば空戦である。中でも大空の戦いである空戦がどんなものであったかは、我々の想像の域を越えるものがある。

果たして実際の空戦では、どのような「技」が使われたのだろう。

太平洋戦争で愛機、零戦を駆って二〇〇回近いの空戦を経験し、大小六四機の敵機を撃墜

した大空のエース、坂井三郎。この男こそが本当の空戦の「極意」を語れるのではないだろうか。

大正五年生まれの坂井は、昭和八年に海軍に入り戦艦霧島、榛名の砲手を経て、昭和一二年に戦闘機パイロットとなった。

その空戦歴はすさまじい。

初陣の昭和一三年、中国戦線で九六式艦戦を駆り、中国空軍と戦い、イ-16をはじめて撃墜。後に運命の戦闘機、零戦と出会う。

昭和一六年一二月八日、太平洋戦争勃発。台湾の南部にある台南《たいなん》基地よりフィリピン・マニラにあるクラーク・フィールド基地への渡洋攻撃に参加。米陸軍カーチスP-40を撃墜した。その後、世界で誰も落としたことのない米陸軍の誇る〝空の要塞〟B-17爆撃機をはじめて撃墜することに成功する。

さらにニューギニアおよびラバウルに進出した台南航空隊員として、坂井は、米陸軍の誇るカーチスP-40やベルP-39などの米第一線機と渡り合う。ニューギニアのラエ基地から豪州軍の拠点であるポートモレスビーに連日出撃、英空軍のスピットファイアなどとも一戦を交え、勝利した。当時、世界最強の零戦隊ラバウル航空隊の誕生である。

だが、昭和一七年八月、運命のときが訪れた。ガダルカナル島をめぐる戦いで米海軍のグラマンF4Fを撃墜したものの、戦闘機の編隊と見間違えSBDドーントレス急降下爆撃機編隊の後部銃座の集中砲火により被弾。片目失明の重傷を負う。しかし一〇四〇キロ離れたラバウル基地に奇跡の生還を成し遂げた。

内地で傷を癒《いや》した後、坂井は後進の指導に当たる。しかし戦局の悪化とともに昭和一九年六月、硫黄島に進出、再び最前線へ。視力のハンディを背負いながらも米海軍グラマンF6F一五機と戦って見事、生還したこともあった。

昭和二〇年八月一五日終戦。だが、坂井の戦いは終わらなかった。武装解除もままならぬ二日後の一七日、房総半島上空に侵入してきた新型の大型四発爆撃機コンベアB－32と空戦。その日を最後に愛機、零戦との長い戦いを終えた。

まさに空戦の極意を会得した大空のサムライ、坂井三郎――。

現在でも八〇歳（インタビュー当時）を越えた年齢にもかかわらず、かつて大空で戦ったエースたちと旧交を暖めている。特に米国では著書『SAMURAI!』がベストセラーになるなど、敵味方を越えた部分で彼を賞賛する声は大きい。

座右の銘は、「不撓不屈《ふとうふくつ》（困難に直面してもひるまないの意）」。その言葉どおり生きてき

た彼の誇る空戦の極悪とは？

男たちが命を賭《か》けて戦った空戦。戦場では「極意」を身につけた者だけが生き残る。かつて〝大空のサムライ〟と呼ばれ、ゼロ・ファイターとして連合国側から恐れられた撃墜王、坂井三郎。

現代の平和大国ニッポンにおいて、生きるか、死ぬかといった真剣勝負など存在しない。二〇〇回近いの命を賭けた空戦を経験した彼の〝空戦の極意〟とは、一体、どのようなものだったのだろうか？

坂井は〝兵法の達人〟である剣豪、宮本武蔵《みやもとむさし》の『五輪《ごりん》の書』から幾つかの戦いの方法を学んだという。

「兵法」でも「空戦」でも勝負は最初の一撃がすべてを決める

——武道における真剣勝負と空戦における真剣勝負とは、どのような点が似ているのでしょうか？
坂井　命を勝けて勝敗を決めるということは、オリンピックのように参加すればいいといっ

たなまやさしいものではないのです。武芸者と同じくパイロットにも、もう一度という敗者復活戦はありません。負ければそれで一巻の終わりなのです。

武蔵の根本的な考えは、「戦いでは勝つ」といったことにすべてが集約されていますから、我々、戦闘機パイロットと通じる部分があると思います。

――で、勝敗の結果は、生きるか、死ぬかしかないわけですか。

坂井　空戦における真剣勝負の結果には、四つの場合があります。

一番目は、相手を叩《たた》き落として自分は勝者として生き残った場合。

二番目は、弾《たま》を食《く》らって撃ち落とされ死ぬ場合。いわば敗者です。

三番目は、相撃《あいう》ちで相方が死ぬ場合。

四番目は、お互いに弾がなくなったり、精魂尽き果てたり、時間切れになったりして、勝負なしの引き分けとなった場合です。

この中で、二番目の負けと三番目の相撃ちは絶対に避けなければならない。常勝のためには、最悪の場合でも四番目の引き分けで止めておく必要があるのです。

そうすれば次の勝負の権利を有することができるからです。負けさえしなければ戦いを重ねていくうちに勝者になるチャンスは、必ず手に入れることができますから……。

――武蔵は『五輪の書』〝水の巻〟で、斬《き》り合いで必要なのは、まず、第一撃で敵を傷つけることであると記していますが、その点はどうでしょうか。

坂井 その通り。特に一番目の結果を生み出すために空戦においては常に「先んずれば敵を制す」、いわば〝先手必勝〟が大事です。

真剣勝負において一度、後手に回ったら元の状態に戻すために大変なエネルギーと危険を冒してしまいます。先手、先手を取れば、相手の心の動きを読むことができるのです。

――先手を取れば、空戦を有利に運べるわけですね。

坂井 〝火の巻〟には「大分の兵法にして、むかつかする事肝要《かんよう》なり。いきどふしくしかけて、敵の心のきわまらざる内に、我利を以《もっ》て先をしかけて勝つ事肝要なり」という一節があります。

こちらが先手を取って、はげしい勢いで相手の心を動揺させ、自分を有利にもっていくことが大事なのです。

――相手は平常心を失ってしまうわけですか。

坂井 仮に一撃で落とせなくても、これによって相手が致命的なミスを犯してしまう場合が多いのです。第一撃で傷つけることができれば、敵のパイロットは必ず逆上して、混乱に陥

る。結局は、勝負は最初の一撃で決まります。

——生死を賭けた極限の中で、兵法者も戦闘機パイロットの戦いも勝負は一瞬にして決まりますね。

坂井　そうです。兵法でも空戦でも、基本的に一緒なんです。

腕も精神力も同等だった宮本武蔵と佐々木小次郎。唯一、違ったのはいわばリーチの差でした。物干し竿と呼ばれる三尺の長刀を持った小次郎に対し、武蔵は二尺四寸の刀。だから武蔵は漁師からもらった櫓《ろ》を削って、小次郎よりも長い木刀を自分で作ったのです。

つまり、武蔵は相手が互角ならば、少しでも自分に有利な条件を創り出しておいて最初の一振りにすべてを賭けたわけです。

——小説の世界の空戦では、零戦対グラマンの戦いでは格闘戦に持ち込むといった描写が出てきますが、現実は大きく異なるのでしょうか。

坂井　戦後、アメリカ・サンディエゴで世界のエース二〇人が集まった際に、その空戦はどのようなものかというテーマで話をしましたが、誰もが格闘戦に持ち込むのは邪道であって、敵機とそうなる前に落とさなければならないというのが結論でした。

つまり、敵機をいち早く誰よりも先に発見し、後ろにつけて撃墜する。武道にたとえれば、

巻藁《まきわら》や竹などの〝動かぬ物〟を試し切りする〝据《す》え物斬り〟が基本なのです。

――坂井さんは、格闘戦における〝必殺技〟の〝左捻《ひね》り込み〟という技をお持ちのはずですが、どんな技ですか。

坂井 左捻り込みとは、零戦の特性を最大限に生かした左斜め宙返りを打つ技で格闘戦に用いる技のこと。敵機に後ろにつかれでも、できるだけ旋回時間を小さくした独自の宙返りで、二旋三旋する間に敵機の後ろへピタリとつけることができるという空戦テクニックなのです。しかし、練習では使っても実戦ではめったに使いませんでした。

――武蔵も「二天一流」と称し、二刀流という必殺技を持っていながら、後世には「二刀を使うこと、実の道にあらず」と戒《いまし》めていますが、坂井さんも必殺技はあまり使わなかったと……。

坂井 〝必殺技〟ばかりやっていては、命がいくつあっても足りません(笑)。空戦での本当の落とし方は、敵の知らない間にすべてを終わらせるということ。

私に落とされた相手の戦闘機パイロットは、いつ発見されたのか、どう後ろにつけられ、なぜ落ちるのかわからないまま死んでいくのですから……。

繰り返しますが、真の名人はめったに格闘戦には入りません。むしろ格闘戦とは窮地《きゅうち》に

陥ったときの脱出法です。

――昭和一九年六月二四日、硫黄島上空で敵一機を撃墜したあとに、単機でグラマンF6F一五機相手に戦った経験がおありだそうですが、あの戦いなど窮地に陥った武蔵が大勢の吉岡一門と死闘を繰り広げた「一乗寺《いちじょうじ》下がり松の決闘」のようですね。

坂井　武蔵は多くの敵と戦う場合、先にかかって来る者から先に戦い、広範囲に目を配り、敵の攻撃のリズムを心得、それをいかに崩すかを考えました。それと通じるものがあります。

あのときはまさに九死に一生でしたが、いくら敵が多くても、瞬間、私を撃ってくるのは一機ずつ。それが繰り返されるとすれば、その瞬間、瞬間の相手の射撃をかわせば生き延びられるんです。

――引き分け、つまり時間切れに持ち込もうとしたわけですか。

坂井　私はあのとき、降下垂直旋回のスピードを変え、姿勢も変え、横滑りなども使った無理な操縦で高度をわざとどんどん落としていった。そうすると敵にとっては、私の未来位置の測定ができなくなるので弾が当たりません。そのように飛ぶ飛行機は非常に攻めにくいのです。最後には私は海面スレスレまで降りました。

――敵も追って急降下すると、自分が逃げそこなって、海に突っ込んでしまうものだから、

冷や汗をかきながらの攻撃になるわけですね。

坂井　敵機は高度を維持し、遠い位置から射撃するものだからますます当たらないわけです。それと海面スレスレに飛ぶと、下からの攻撃は気にしなくていいわけですから防御範囲は半分になるというわけです。

武蔵は、大勢を相手にする場合、絶対に囲まれるな、目のない後ろに敵を置くなという鉄則を貫いています。たとえば川、湖などを背にすれば、敵は半分しかかかってこれません。我々の空戦でも同じことが言えます。

硫黄島に無事に着いて、報告に行ったら飛行長が手を叩いて言いました。「いや、ベテランは落とすのもうまいが、逃げるのもうまいものだね」と。撃つのもうまい、逃げるのもうまくなければ、空戦の「極意」を身につけたとは言えないでしょう。

――第一次大戦のように一対一の単機空戦と違って、近代戦闘は編隊空戦。複数と戦うときの極意ですね。

坂井　撃墜の定義も四つあるんです。一番目は自分の撃った弾が命中して、まず敵機を完全に破壊すること。二番目は回収不能の火災を起こさせること。三番目は敵機のパイロットをパラシュート脱出させること。四番目は敵機を地面もしくは海面に激突させること。

一対一で戦っていた昔は、撃墜そのものを最後まで見届けましたが、そんなことをやっているとこちらが落とされてしまう。編隊空戦の怖さはそこにあります。

――戦後、そのときの敵のグラマン・パイロットとお会いしたとか。

坂井　先ほど申し上げたエースの集いででした。私が「あの日の硫黄島上空の空戦で俺を追いかけた者はいないか」と聞いたら、「おーい、ここにいるぞ」って答えが返ってきました。そうしたら周囲から彼に「このヘタクソ野郎、なんでやらなかったんだ」と野次《やじ》が飛んで、会場中が大笑いになったことがあります（笑）」

――実際の空戦における操縦は、かなり難しそうですね。武蔵は剣を握るときは、小指と薬指で締め、あとの三本を軽く添えるとあります。剣ではありませんが、零戦の操縦桿の握り方などはいかがなものでしょうか？

坂井　初めて飛ぶ頃は、卵をつかんで割れないような握り方をします。が、戦闘機のパイロットになってからは、それが間違いだと気づきました。

格闘戦に入り、機体に機敏な動きをさせるためには、操縦桿をガッチリつかまなければならないからです。

――零戦は、生みの親、三菱の堀越二郎技師によって、昇降舵の操縦系統に〝剛性低下方

式〟が採用され、操縦性、応舵力には抜群のものがあったと聞いていますが。

坂井　だが、超高速ともなると、風圧力やG（重力加速度）によって昇降舵ひとつ動かすのにも、たとえば一〇〇キロのものを右手一本で引き上げるような力が必要になってきます。

ですからあとは腕の力との勝負。どうしても敵機につかれて振り切れないときは、計器板に片足を掛けてもグイと操縦桿を引きます。そこまでしないと勝てないということです。太平洋戦争で連合軍の大男たちと戦うことになり、彼らと大空で張り合うためには、この細い腕では到底勝てないと私は思いました。

開戦前、自分の腕を筋金入りにしようと腕立て伏せや懸垂《けんすい》を毎日二〇〇回やりました。そこまでやらないと殺されるんです。いち早く敵を発見するために、昼間の星を見つける努力もしました。殺されてたまるかという気持ちでいっぱいでしたよ。

――武蔵も勝負場に到着する以前に〝立ち会い〟は始まっていると述べています。まずは空戦で生き延びるには、日頃の腕の鍛練とおっしゃるわけですね。でも、それだけなら敵も同じことをやっているかもしれない。

その上で、敵に勝つ、つまり相手を撃墜することは、もっと難しいわけでしょう。

坂井　空戦で敵機を落とすということは、地上でたとえると、針を持って走りながら、その

針の穴に一発で糸を通すぐらいの難しさなのです。ちょっとでも動けば弾丸ははずれますから、相手はそんなに簡単に落とせるものではありません。

さらに格闘戦になったら、Gがかかるため、撃った弾も小便弾と言って放物線を描くので、もっと当たりません。

——射撃の瞬間の呼吸法と申しますか、武道と同じように掛け声などは掛けられるのですか？

坂井　いちいち掛け声を掛けていたら大変ですよ（笑）。私の場合は、半分くらい息を吸って弾丸を送る瞬間、息を止め、射撃が終われば息を吐くのです。

確かに呼吸法は大切で、人によって個人差はありますが、全部息を吸って止めると多すぎる。逆に少なすぎるのも不安になります。だから私の場合、中間を取っていました。

——ベテランの坂井さんは、教官もやられていましたが、空戦において、初心者はどのようにすればうまく撃てるとお教えになったのですか？

坂井　「撃とうと思った瞬間、後ろを見なさい」と教えました。後ろを見て敵機がいないことを確認すること。しかし針の目を通すぐらい難しいことをする前に、後ろを見ていたら落とせるはずはない。

でも、これをやらないと敵機を落とす前に自分がやられてしまいます。つまり相手を落とす以前の問題なのです。

もし、その初心者が何とか生き残って、腕が中クラスぐらいになったら、今度はその逆のことを教える。「今、撃とうとしているのに後ろを見ていて落とせるか」と。

つまり見る、見ないでなく、空戦においては、その先を読んでおくことが重要なのです。初心者にかぎって、今、後方を確認したのだから自分の後ろには敵機は絶対にいないと思い込むのです。

――敵の動きを先んじて読みとるということですか。

坂井　自分が敵機を落とす瞬間に、自分の後ろにかかってくる敵はどれかと見極めます。たとえば、その敵機が私の後方につくには五秒。前方の敵機を落とすのには三秒かかるとすれば、残りの二秒の余裕ができます。敵機を撃墜しながら次にやってくる敵にどう対抗するかを考えるのです。

――編隊における空戦の極意とは、全体の動きを一瞬にして読み取ることですね。

坂井　囲碁《いご》の名人が碁盤を千分の一秒、チラッと眺めるだけでこの先の勝負がどのようになるかを見極めることと同じなのです。

ベテランになると、今、見ていなくても次の瞬間に敵機が後ろに来るのは当たり前と思っているわけですね。

ですから弾が右に走ったら、その瞬間、ラダーペダルを蹴《け》って左へパーンと旋回するのです。その練習をいつも私はやりつづけました。呑気《のんき》な飛び方をしていればやられてしまうんです（笑）。

――では、空戦を経験されるたびに、最初に霞ヶ浦で習った飛び方とは全く違っていったのではありませんか（笑）。

坂井　はっきり言って、劣等生の飛び方です。搭乗員養成のため、霞ヶ浦で操縦を習った頃は、水平直線飛行をしているときには、計器パネルの針玉旋回計（旋回計の指針とガラス管の中にアルコールと鉄球を封入した傾斜計が組み込まれた計器）の鉄球が常に真ん中に来る飛び方が優等生だと言われました。

ところが、この飛び方をすると、戦場では命がいくつあっても足りません。敵には正しい水平飛行をしていると思わせておいて、実は機体を横滑りさせているのです。しかし、射撃のときだけは、優等生の飛び方をしなければなりません。その瞬間だけは、正しい直線飛行にしておかなければ、弾丸までもが滑って目標に当たることはありませんから。

「零戦」はやはり二一型がいちばん優れていたと思う

――坂井さんにとっては、零戦の魅力は、運動性能のほかにどのような点が挙げられるのでしょうか。

坂井　たいていの人は、優れた格闘性能や二〇ミリ機銃のことを取り上げるでしょう。しかし、私に言わせれば、まず第一に挙げられるのは、その長大なる航続距離こそが最大の特徴でしょう。

その距離、実に三三〇〇キロ。太平洋の大海原《おおうなばら》で空戦をするためには、この航続距離が不可欠でした。このおかげで今日、こうやって生き延びてお会いできているのです。

――坂井さんは二一型、三二型、五二型と同じ零戦でもいくつかの種類を乗り継いでいますが……。

坂井　零戦は、大戦中、五年の長きにわたって第一線機として酷使《こくし》されました。その間、十数回にわたる改造がなされましたが、改良ではなく改悪だったのです。その結果、航続距離は落ち、零戦の持つ軽快性は失われていきました。ですから、やはりオリジナルの二一型が

いちばん優れていたと思います。

　事実、ある島での戦いの最中、ベテランは五二型、若い隊員は二一型で出撃しましたが、若い隊員のほうが戦果が多く、生還率も高かったのです。

——最後に、武蔵は、〝空《くう》の巻〟で、修行に励み、知恵と気力を磨き、注意力と判断力を身につけ、己《おのれ》の迷いの雲をなくすことが本当の「空《くう》」である、と説いています。まさに坂井さんは、武蔵と同じ心境に達せられたからこそ、生き残れたのではないでしょうか。

坂井　いやいや、あの美しく力強い戦闘機、零戦が愛機だったおかげなのです。

　そう言えば、零戦のゼロは、数字では「空」を表し、その機に乗って戦う空戦は、武蔵の「空」の境地になるための戦いだったのでしょうか（笑）。

坂井三郎年表 ———— 編集部編

大正5年（1916）

8月26日　佐賀県佐賀郡（現・佐賀市）西與賀《よか》村で生まれる。

昭和8年（1933）

5月1日　佐世保海兵団入団、海軍四等水兵を拝命。

9月1日　海軍三等水兵を拝命。戦艦「霧島」乗り組み。

昭和9年（1934）

11月1日　海軍二等水兵を拝命。

昭和10年（1935）

5月11日　第74期普通科砲術練習生として海軍砲術学校入校。

11月1日　海軍一等水兵を拝命。

11月13日　普通科砲術練習生教程卒業。

昭和11年（1936）

5月14日　戦艦「榛名」乗り組み。

昭和12年（1937）

3月10日　第38期操縦術練習生予定者として霞ヶ浦海軍航空隊に派遣を拝命。

4月6日　派遣中のところ採用決定につき3月31日、（榛名）退艦手続きを了す。

11月30日　第38期操縦術練習生教程を卒業。海軍三等航空兵曹となる。佐伯海軍航空隊付を拝命。

昭和13年（1938）

4月9日　大村海軍航空隊付を拝命。

5月11日　高雄海軍航空隊付を拝命。

9月11日　第12航空隊付を拝命。

昭和14年（1939）

5月1日　任海軍二等航空兵曹。

12月4日　大村海軍航空隊付を拝命。

昭和15年（1940）

7月19日　大村空において初任下士官特別教育終了。

10月1日　飛行練習生（操縦）教程を卒業したるものとみなす。

10月24日　高雄海軍航空隊入隊。

11月1日　任海軍一等航空兵曹。

昭和16年(1941)

4月15日　漢口着、第12航空隊入隊。

6月1日　海軍一等飛行兵曹となる。

9月5日　高雄海軍航空隊(台南空予定者)付を拝命。

10月1日　台南海軍航空隊付を拝命。

昭和17年(1942)

5月4日　当日より11日まで珊瑚海海戦に従事。

8月7日　ガダルカナル島上空において空戦中に被弾・負傷。

8月16日　横須賀海軍病院に入院(第一種症)。

10月31日　任海軍飛行兵曹長。

11月1日　台南空は第251海軍航空隊と改名。同日、第251海軍航空隊付を拝命。

昭和18年(1943)

1月13日　退院。16日、251空に出勤。

4月13日　横須賀海軍航空隊付を拝命。

7月10日　戦闘第701飛行隊付を拝命。

8月1日　任海軍少尉。補戦闘第701飛行隊付。

昭和19年(1944)

11月15日　補第203海軍航空隊付。

12月25日　補第343海軍航空隊付。

昭和20年(1945)

2月頃　敗戦が濃厚となりつつある頃、坂井三郎は従姉妹にあたる20歳の坂井初代と結婚した。しかし、終戦まで一緒に生活することはなかった。

4月30日　婚姻許可(佐世保鎮守府616号ノ45)。

6月　横須賀海軍航空隊付。

8月15日　正午のラジオ放送で昭和天皇が朗読した終戦の詔書《しょうしょ》の録音が放送(玉音放送)され、国民に日本国の降伏が告げられた。これをもって日本軍と連合国軍は事実上戦闘停止となったが、ソ連軍は軍事行動を本格的に開始し、完全に戦闘が停止したのは、降伏調印(9月2日)後の9月5日であった。坂井たちは、横須賀海軍航空隊解散および隊員の復員などの残務整理に従事する。

8月17日　沖縄から本土偵察のために飛来した四発爆撃機コンベア
B-32ドミネーター2機を横空の紫電改と零戦が迎撃、
坂井も零戦52型で出撃した。戦果はあげられなかったが、
B-32搭乗員1名が機上戦死、2名が負傷している。日
本側に被害はなかった。

9月5日　任海軍中尉。

9月30日　依命《いめい》(通達)、予備役編入。

昭和21年(1946)頃

航空部隊出身の知人から、民間での飛行機の仕事で声をかけられたが、坂井は、ガダルカナル島上空の空戦で右目の視力が失われていることを理由に断わっている。

終戦直後は、生活を助けるために闇市で商ったり、海軍の復員者を集めて日本通運特設作業班で荷運びなどの差配などをやっていた。

昭和22年(1947)

妻・初代が病に倒れ入院するが病状が悪化し、ついに帰らぬ人となった。

昭和23年(1948)頃

坂井はGHQ(連合国軍最高司令官総司令部)に呼び出された。「まさか戦犯で捕まることはないだろう。もう戦争は終わったのだから」と思いながら出頭したところ、VIP待遇のもてなしを受けた。

昭和23～24年(1948～49)

坂井は大西瀧治郎元海軍中将の夫人を社長に迎えて、東京都墨田《すみだ》区両国に「香文社《こうぶんしゃ》」という小さな印刷所を設立している。

昭和25年(1950)頃

この年に、日本出版協同株式会社社長の福林正之氏が坂井に会いに香文社を訪れている。その後、坂井は福林氏の協力を得て体験記を書き始めたもようである。

昭和26年(1951)年

11月頃　太虚堂書房発行の雑誌『りべらる』12月号に13ページ(1
ページ分はタイトルスペース)にわたって『米紙に紹介され
た日本の撃墜王　私《わたし》は六十四機撃墜《きげきつい》した　元海軍少尉　坂
井三郎』が掲載された。これが、坂井が手記を公にした最
初のものと言える。タイトルは一般的に編集者がつけるも
のだが、すでに撃墜機数を〝六十四機〟としていることが

注目される。

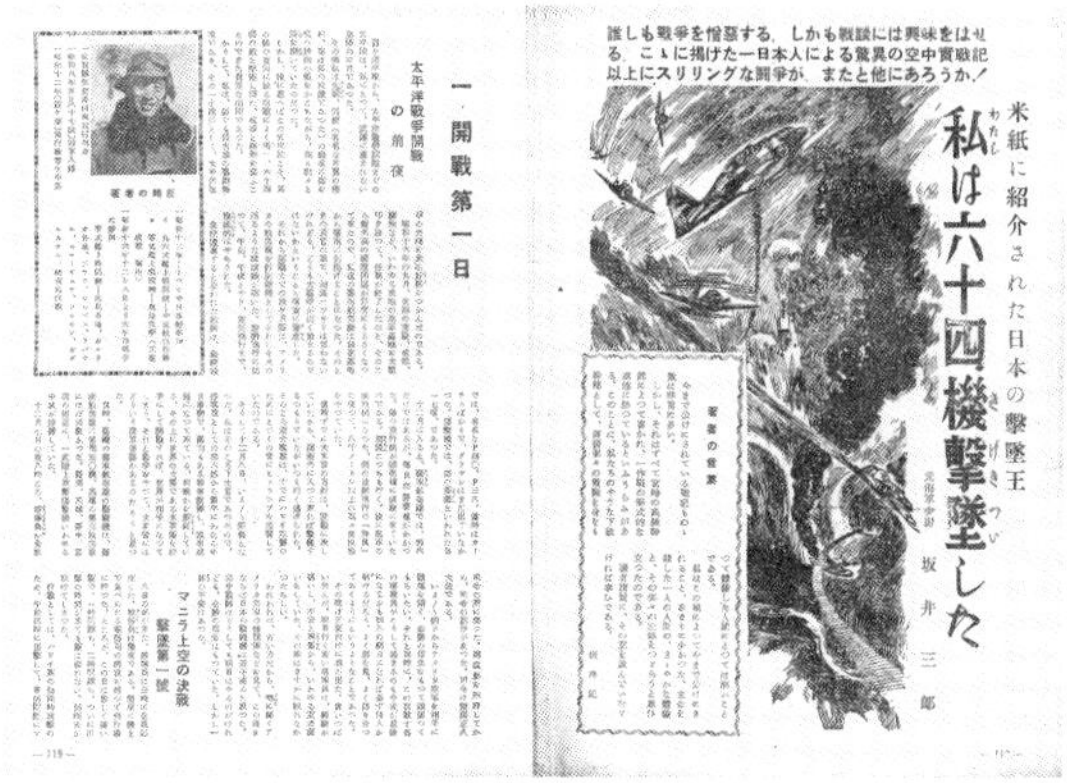
誰しも戦争を憎悪する、しかも戦談には興味をはせる。こゝに掲げた一日本人による驚異の空中實戦記以上にスリリングな闘争が、またと他にあろうか！

米紙に紹介された日本の撃墜王

私《わたし》は六十四機撃墜《げきつい》した

坂井三郎

著者の言葉

一、開戦第一日

太平洋戦争開戦の前夜

マニラ上空の決戦

撃墜第一號

著者の近影

昭和27年(1952)

4月28日　当日をもってサンフランシスコ講話条約が発効し、日本は〝Occupied　Japan(占領下の日本)〟状態から国家主権を回復し独立国に戻った。同時に連合国との戦争状態が当日をもって終結した。

昭和28年(1953)

森本暖子《はるこ》と再婚。暖子夫人も再婚で元夫・森本徹は兵学校63期の天山艦攻乗りだったが、昭和19年9月24日、レイテ沖海戦の1か月前に戦死している。

9月頃　著書『坂井三郎空戦記録　上下巻』が日本出版協同株式会社から刊行された(奥付では昭和28年10月5日初版発行だが、実際の店頭発売は9月であろう)。

昭和29年(1954)

『坂井三郎空戦記録』を読んだＡＰ通信社のフレッド・サイトウ氏から英語版の話を持ちかけられ、坂井は「私の主旨が曲げられなければ」という条件で了承した。

同年、厚木米海軍基地司令官・リー少将の招待で基地を訪れた。旧日本軍パイロットで厚木の米軍海軍基地を訪れたのは、坂井が最初だという。このときリー司令官にゴルフに誘われたことがきっかけ

で、後にゴルフの練習に打ち込むことになる。

昭和 31 年（1956）

鱒《ます》書房の新書版〈戦記シリーズ2〉として、坂井の『零戦航空戦記 大空の決戦』が刊行される。

昭和 32 年（1957）

2月 フレッド・サイトウ氏が『坂井三郎空戦記録』を英訳、新鋭ライターのマーティン・ケイディン氏が著者となった『ＳＡＭＵＲＡＩ！』が、ニューヨークの出版社バランタイン・ブックスから刊行された（1960 年５月に第２刷が発行されている）。

昭和 34 年（1959）

パン・アメリカン航空が太平洋路線の羽田〜ホノルル間にボーイングB 707 型ジェット旅客機を就役させた。坂井はその記念飛行の招待客の１人としてオアフ島のホノルル空港に降り立っている。合衆国本土ではないが、これが彼の初渡米となった。

昭和 37 年（1962）頃

長男の襄《のぼる》氏の記憶では、坂井はこの頃から猛然とゴルフの練習に没頭し始めたという。

昭和 42 年（1967）

５月 光人社より著書『大空のサムライ──かえらざる零戦隊』が刊行される。奥付の表記では昭和 47 年５月 22 日第１刷発行となっているが、実際の店頭発売は２〜３週間早いと思われる。

11 月 28 日 東京都内のカンボジア大使館でシアヌーク殿下の弟殿下と会見。弟殿下は「私は、米空軍でジェット戦闘機の操縦を学びました。しかし、精神と考え方は、あなたの『ＳＡＭＵＲＡＩ！』に学びました」と語った。

昭和 45 年（1970）

光人社より著書『続・大空のサムライ──回想のエースたち』が刊行される。

昭和 46 年（1971）

アメリカファイターエース協会から招待された『零戦搭乗員会』一行の一員として渡米、カリフォルニア州サン・ディエゴでエース

協会会員たちと交流を深める。このとき、米海軍ミラマー基地で行なわれたゴルフ大会で、トップ・エースたちやプロゴルファーのジーン・リトラーを向こうに回して優勝している。

昭和47年(1972)

7月12日　少年少女講談社文庫（ふくろうの本）の〝科学・記録となぞなぞ〟シリーズの一書として坂井の『ゼロ戦　坂井中尉の記録』が刊行される（日付は奥付表記より）。

昭和50年(1975)

光人社より坂井三郎・高城肇『撃墜王との対話――続々大空のサムライ』が刊行される。

昭和55年(1980)

9月　零戦愛好会有志ら44名の慰霊団の一員として、東部ニューギニアのポートモレスビー、ラエ経由でニューブリテン島ラバウル、続いてブカ島経由でブーゲンビル島ブインに至る慰霊の旅に参加。38年ぶりの再訪であった。

昭和56年(1981)

7月25日　光人社より坂井三郎・高城肇『大空のサムライ・戦話篇――可能性に挑戦し征服する極意』が刊行される。

昭和57年(1982)

11月11日　マルコス大統領の招待でフィリピン国を訪問。マラカニアン宮殿の大統領執務室で会見、歓談する。さらに、マニラ市長を表敬訪問、フィリピン空軍司令部、コレヒドール島などへ訪れた。

昭和58年(1983)

アラバマ州マクスウェル空軍基地の米空軍総合大学校・空軍指揮幕僚大学が主催する『GATERING OF EAGLES（鷲たちの集い）』第2回の〝航空に偉大な足跡を残したヒーロー〟26人の1人に選ばれて渡米。この折りに、広島に原爆を投下したB-29「エノラ・ゲイ」号の機長だったポール・ティベッツ元准将（戦後最終階級）と会食している。

5月30日　カリフォルニア州で行なわれた日系三世のヘンリー・サカイダ氏の出版記念パーティーで、坂井は思いがけない人物に会った。昭和17年(1942)8月7日のガダルカナ

ナル島上空で、坂井は、米海軍のＳＢＤドーントレス艦上爆撃機を捕捉・攻撃の際、後部旋回機銃で撃たれて被弾・負傷した。そのときに坂井機を射撃したハロルド・ジョーンズ氏（写真／左）をヘンリー・サカイダ氏が坂井に紹介したのである。ハロルド氏が自分の撃った弾で坂井の飛行帽が破損したことを知り、飛行帽のかわりにカウボーイ・ハットを手渡した。

昭和 59 年（1984）

６月初め　坂井は、米第５空軍司令部の要請で横田基地で１人のアメリカ人と会った。彼の名はレイモンド・Ｆ・ハーロラン元少尉である。彼は、昭和 20 年１月 27 日、Ｂ－29 のクルーとして東京空襲に参加したが、東京西方 8000 メートル上空で迎撃戦闘機の攻撃を受けて搭乗機が被弾、パラシュートで脱出した。降下後、東京大森の捕虜収容所に収容され、そこで終戦を迎え、８月 29 日に米軍によって解放された。そのレイモンド氏が坂井に面会を求めた理由は、『ＳＡＭＵＲＡＩ！』を読んで感銘を受け、太平洋戦争当時の米軍の一搭乗員として、機会があれば〝サムライ〟に会ってみたいという希望のほかに、自分の搭乗機を撃墜したパイロットに会ってみたいということであった。

昭和 61 年（1986）

6月　ワシントン州ヤキマで毎年開催されるエア・ショーに招待される。

7月　同州タコマ米海軍基地に招かれF-15ジェット戦闘機の操縦席を見学。

昭和 62 年（1987）

6月　ワシントン州ヤキマのエア・ショーに招待される。エア・ショー会長のボブ・クレイム氏、海兵隊のトップ・エースのパッピー・ボイントン氏（写真／右）と交流を深める。

7月　ヤキマのエア・ショーの帰途立ち寄ったシアトル市で、手造りの合成樹脂製軽飛行機を操縦する機会を得る。71 歳で宙返りなどのスタントを披露したが、プラスGが体にこたえたという。

8月　テキサス州フレデリックバーグにあるニミッツ博物館を訪問。

平成２年（1990）

5月 18 日　25日までの日程で、『坂井三郎と行く〝零戦 50 周年記念〟零戦体験ツアー』が行なわれた。ロサンゼルス近郊のサンタモニカ航空博物館での「名機オークション」会場で、坂井は、ロッキードP-38ライトニング戦闘機の設計者のH・L・ヒッパード氏に偶然出会った。また、チノのプレーンズ・オブ・フェイム航空博物館では、世界唯一

のオリジナル栄エンジン搭載の零戦52型に出会い、その飛行する雄姿を見ることができた。

平成3年(1991)

テキサス州のニミッツ博物館が企画した太平洋戦争開戦50周年記念のシンポジウムに千早正隆氏(元海軍乙参謀、戦史研究家)、阿部善次氏(元空母「赤城」艦爆隊中隊長)、酒巻和男氏(真珠湾攻撃時の特殊潜航艇搭乗員)とともに坂井も招かれパネリストとして参加した。

平成4年(1992)

6月15日　東京・有楽町にある日本外国人特派員協会で講演。捕虜の後に救出された陸攻搭乗員たちが、自爆強要の出撃を命じられた、いわゆる「一空事件」に触れ、当時の山本五十六連合艦隊司令長官を強く非難した。

講談社より著書『零戦の真実――世界的撃墜王が初めて明かす名機と勇士の全て』が刊行される。

12月　講談社版『坂井三郎空戦記録』が刊行される。

平成5年(1993)

4月15日　光人社より雑誌『丸』編集部編『坂井三郎　写真・大空のサムライ』が刊行される。

平成6年(1994)

11月25日　この日の日本外国人特派員協会での講演で、『南ドイツ新聞』特派員の質問を受けて、坂井が「昭和天皇には戦争責任がある」と発言したことが、ベタ記事ではあるが朝日新聞に掲載された。掲載当日、巣鴨《すがも》警察署から坂井に電話があり、「身辺の護衛に当たりたい」との申し入れがあった。しかし、坂井は「私は一度死んだ人間です。殺されることに何の恐れもない。税金のむだづかいはやめてください」と断った。

講談社より著書『零戦の運命』が刊行される。

平成7年(1995)

アラバマ州にある米空軍総合大学校・空軍指揮幕僚大学が主催する『鷲たちの集い』(第13回)に女性飛行士、宇宙飛行士を含む〝航空・宇宙に偉大な足跡を残したヒーロー〟20人の1人として2度目の招待を受け渡米、空軍指揮幕僚大学で講演を行なった。

８月　講談社より著書『零戦の最後』が刊行される。

同年、カリフォルニア州サンディエゴ米海軍基地を訪問。

平成９年（1997）

６月22日　テレビ朝日放映の『朝まで生テレビ！』に初出演。

平成10年（1998）

10月30日　テレビ朝日の『朝まで生テレビ！』に出演。

平成12年（2000）

８月10日　東京・有楽町にある日本外国特派員協会で講演。

８月25日　テレビ朝日の『朝まで生テレビ！』に３度目の出演。

９月22日　厚木にある在日米海軍西太平洋艦隊航空司令部の50周年記念祝賀夕食会を終えての帰路、気分が悪くなり綾瀬《あやせ》厚生病院に運ばれたが、ＭＲＩ検査中に急性心不全のため死去。享年84。

10月14日　東京青山葬儀所で「坂井三郎儀　お別れの会」が催される。

11月　光人社より坂井三郎・世良光弘編『大空に訊け！――戦いに勝つための至言集』が刊行される。

あとがき

『零の会』会長・菊池征男

坂井三郎先生の戦後をまとめるにあたり、長男の襄《のぼる》さん、長女の道子さんが、素顔のエース坂井を語ってくれました。道子さんは昨年、産経新聞出版から『父、坂井三郎』を出版されましたが、娘から見た父の姿をよくとらえていると感心しました。肉親でないとわからない日常生活が活写されていました。

さて本書ですが、気づかれた読者も多いかと思いますが、三人の医師に一文を寄稿していただきました。坂井先生は、ご自身が健康に大変気づかっておられたせいもありますが、坂井先生から三人の医師のもとを訪れられたのではなく、医師たちが坂井ファンで、三人とも直接坂井家を訪ねたことから親交が始まったのです。

その一人、菅野寛也医師は、坂井先生が外国に旅行されるときは、みずから「私は坂井先生の〝軍医〟」だと言って、カリフォルニアやラバウルなどにも随行されています。今回はソロモン紀行にご一緒された当時のお話を書いていただきました。

また、集英社のカメラマンとして多くの俳優やそのほかの芸能人を撮り続け、六年前に高

倉健の写真集を出された今津勝幸氏は「ファインダーを覗いて、坂井先生の顔にピントを合わせると、目が生きているんですよ。笑顔がとても素敵な人でしたね」と語る。

一冊の著書を一人でまとめるのは簡単ですが、意見の違う人、見方の違う人、それらの方々を一括してまとめて単行本にすることは大変な作業であることを知らされました。いずれにせよ、我々『零《ゼロ》の会』での坂井先生との初めての出会いから最期の別れまでを思うと、胸が熱くなります。

坂井先生のお墓は、神奈川県相模原の山奥にありますが、戒名なしで、「坂井家　坂井三郎」となっております。このお墓の上空が、厚木基地への飛行ルートなのでしょうか、よく米軍機が飛んでいます。坂井先生は、お墓の中で空を見上げて「ヘタクソ、もっと上手に飛びなさい」と言っておられるような気がします。

本書の企画を思いたってから七年の歳月が過ぎましたが、このたび、学研パブリッシングの十鳥文博氏の多大なご尽力を賜り、ここに上梓されることになりました。僭越ながら、『零の会』を代表いたしまして心から御礼申し上げます。また、編集をお手伝いいただいた岡田章雄氏に感謝いたします。

あとがきに添えて

坂井スマート道子

父、坂井三郎については、没後一三年となった現在も様々な文献に取り上げられ、父や零戦を懐かしむ方々の「坂井三郎を忘れたくない、忘れさせたくない」という熱意に触れるたびに、私は、強い力を分けていただく思いでおります。

十三回忌の昨年に、私も僭越ながら拙著『父、坂井三郎』（産経新聞出版発行）を上梓致しました。突然だった父の死から一〇年余り、娘の私なりに書き留めておいたものをどうしたものか、その価値にいまだ半信半疑であった平成二三年の夏、帰国した私に対する『零の会』の皆様の変わらぬご支援に、「書く勇気」が湧いたのです。

生前、父は「敗戦後の日本に民主主義がもたらした最大の意義」として、言論と表現の自由を駆使して情熱ある生き方を見せてくれました。著書を残すことに関しては「活字の威力は偉大であり魔力でもある。著者は自らの一字一句に全責任を持つ覚悟を忘れてはならない」という父の言葉を覚えています。

今回、本書を企画された菊池征男さんから、寄稿のご依頼をいただき光栄に存じます。坂井

三郎が出版界で晩年まで活躍できた根源には、光人社の設立者、高城肇氏率いる潮書房・光人社で、補佐のほぼすべてにご苦労いただいた川島裕氏とともに、『大空のサムライ』全巻、新版『坂井三郎空戦記録』、関係各書、および雑誌『丸』の編集で担当いただいた菊池征男さんの長年のご努力があったこと、列機のごとく坂井三郎を信じ、その実力と忠誠で、まさに翼の先端が触れ合うほどの至近において、最後まで坂井についてきてくださったこと、ここに明記し、改めて感謝の辞と致します。

辰年生まれの父は、いみじくも辰年に他界し、そして当然ですが十三回忌の今年も「龍」の年です。

一九九八年、カリフォルニアに私を訪れていた父は、孫娘に、庭の雀を手なずけると約束してしまったので、餌皿のぶらさがっている木の枝の真下で、雀の警戒を和らげるのに日がな一日根気よく座っていました。

私もお付き合いで芝生でゴロゴロしたりしながら何気なく、

「お父様、生まれ変われたら何になりたい？」と尋ねました。

「俺は生まれ変わって戻ってきたいなどとは思わん。坂井三郎のままで戦友たちと向こうにいるよ」と言うので、

「でも戦争中の話ばかりでは悲しいことが多いでしょう?」という私の言葉に、

「そんなことはない! 激戦の連日でも俺たちは皆よく笑っていた……、まあ、生まれ変わるなら龍だなあ……ヘッヘッヘ」

「じゃあ、お父様は笑う龍になってくださいね」


本書に、数々の父との思い出を寄せてくださった皆様、父の喜ぶ顔が目に浮かぶようです。

「笑龍」坂井三郎は天空から、いつも見てくれていると私は信じています。

零の会　（ぜろのかい）

「坂井三郎元中尉を囲むいわゆるファンクラブのようなものを設けたい」と当時『週刊プレイボーイ』のデスクだった鬼木真人氏が提案し、1996年に設立。会長に菊池征男、副会長に鬼木真人、経理および会の進行役に津田隆があたり、年に最低でも1回、多ければ2回会合を催した。会員は酒食を取りながら坂井先生の話を聞き、その後、質問などで賑わった。多いときには会員40～50名になった。今回、本書ではその中の12名が執筆した。

知られざる坂井三郎

2013年8月6日　第1刷発行

編者：零の会

発行人：脇谷典利
編集人：南條達也

編集長：十鳥文博
協力：日本外国特派員協会

発行所：株式会社 学研パブリッシング
〒141-8412 東京都品川区西五反田2-11-8
発売元：株式会社 学研マーケティング
〒141-8415 東京都品川区西五反田2-11-8

印刷：中央精版印刷株式会社
製本：牧製本株式会社

【この本に関する各種お問い合わせ先】
【電話の場合】
◎編集内容については　03-6431-1509（編集部直通）
◎在庫、不良品（落丁、乱丁）については　03-6431-1201（販売部直通）
【文書の場合】
〒141-8418　東京都品川区西五反田2-11-8
学研お客様センター『知られざる坂井三郎』係
◎この本以外の学研商品に関するお問い合わせは
03-6431-1002（学研お客様センター）

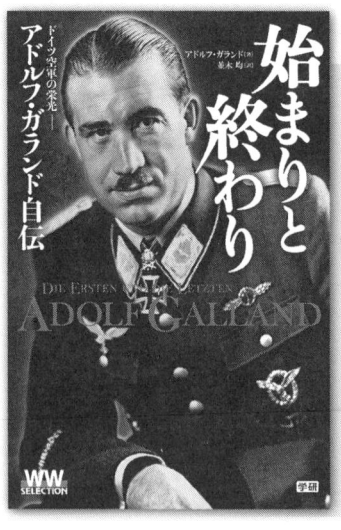

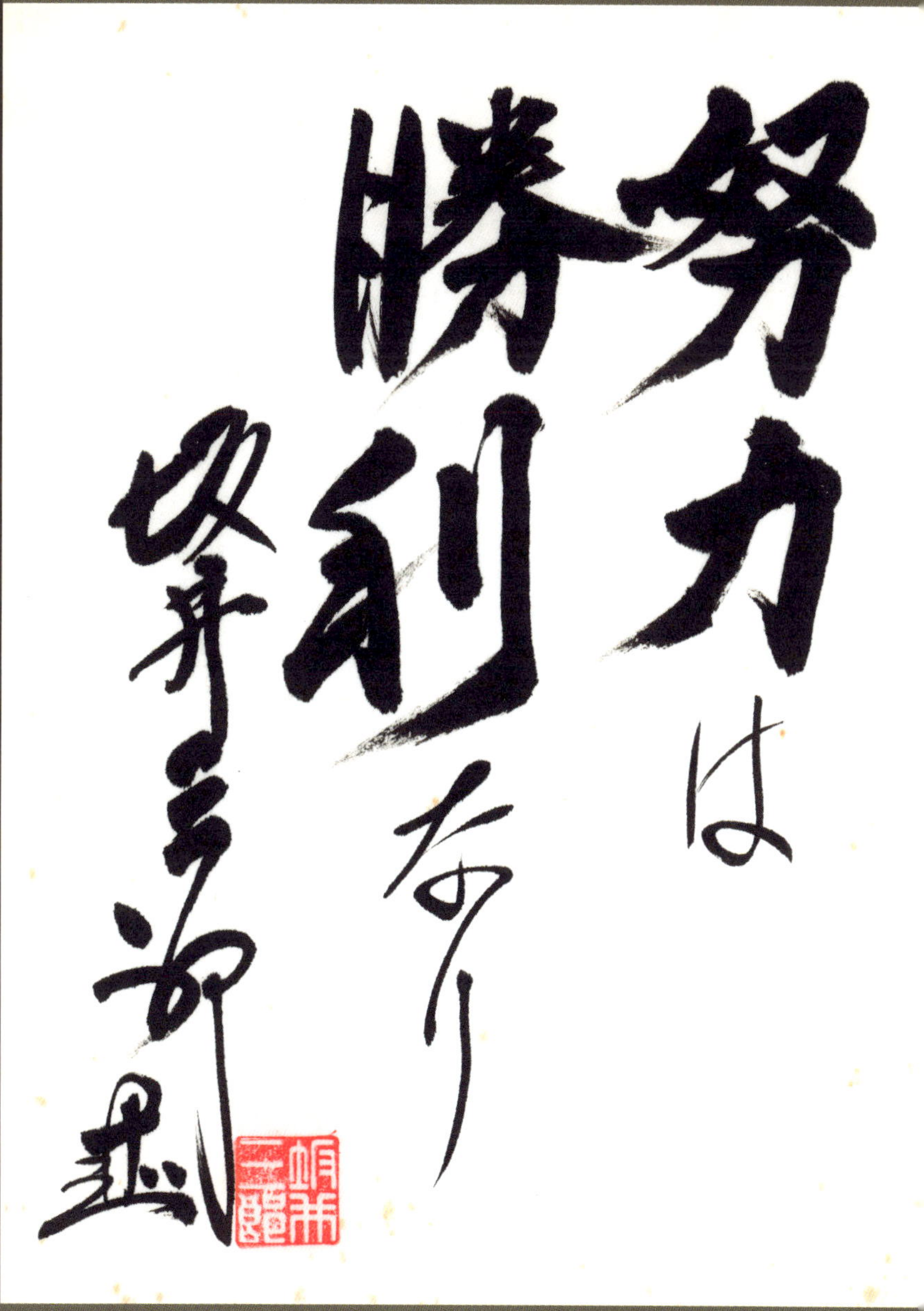

『努力は勝利なり』書／坂井三郎

『一念具象』書／坂井三郎

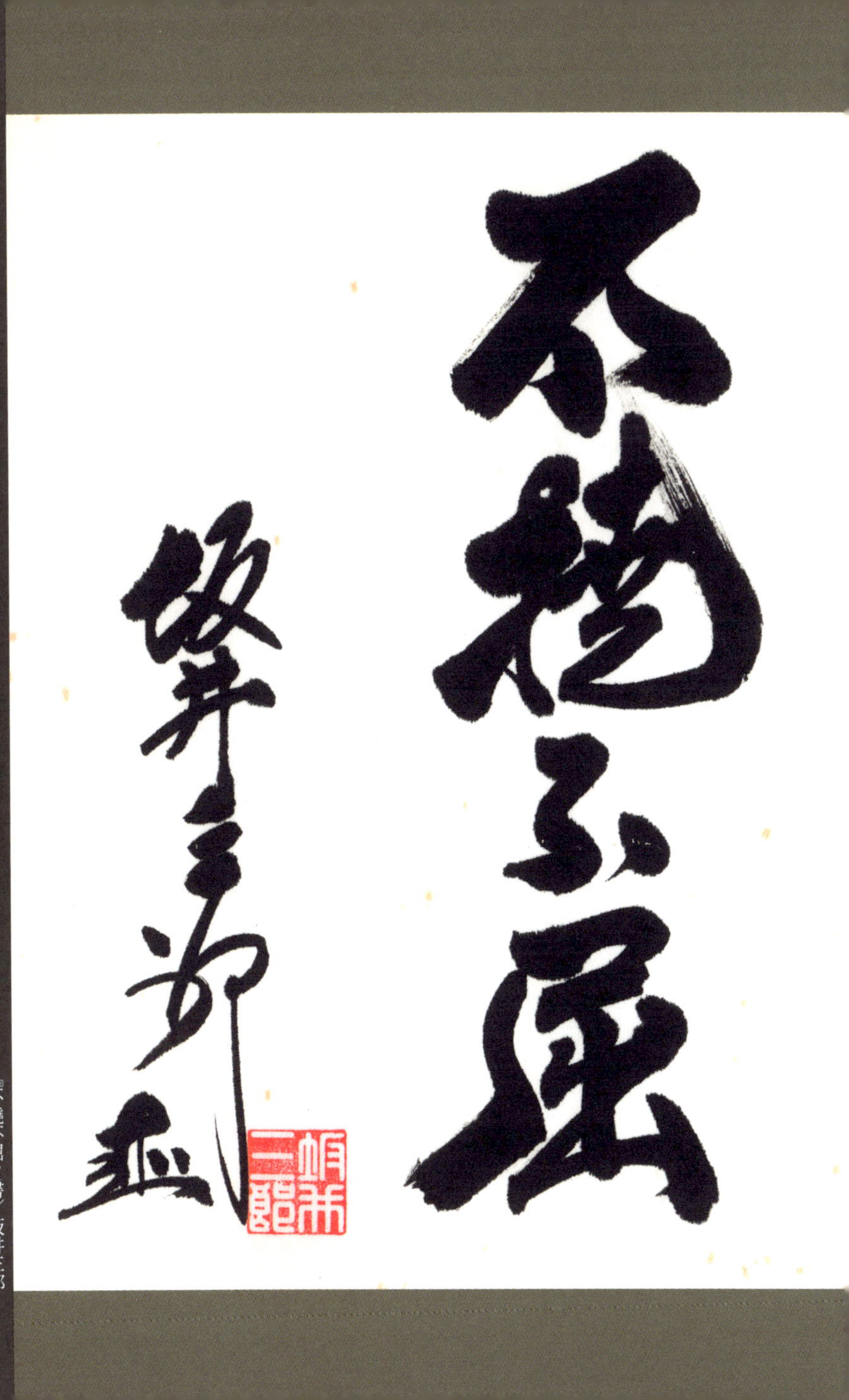

零戦

坂井三郎 書

『零戦』書／坂井三郎